Tucholsky Wagner Zola Scott Sydow Fonatne Freud Schlegel
Turgenev Wallace
Twain Walther von der Vogelweide Fouqué Friedrich II. von Preußen
Weber Freiligrath Frey
Kant Ernst
Fechner Fichte Weiße Rose von Fallersleben Richthofen Frommel
Hölderlin
Engels Fielding Eichendorff Tacitus Dumas
Fehrs Faber Flaubert
Eliasberg Ebner Eschenbach
Feuerbach Maximilian I. von Habsburg Fock Zweig
Ewald Eliot Vergil
Goethe London
Mendelssohn Balzac Shakespeare Elisabeth von Österreich
Lichtenberg Rathenau Dostojewski Ganghofer
Trackl Stevenson Doyle Gjellerup
Hambruch
Mommsen Tolstoi Lenz Droste-Hülshoff
Thoma Hanrieder
von Arnim Hägele
Dach Verne Hauff Humboldt
Reuter Rousseau Hagen Hauptmann Gautier
Karrillon Garschin Baudelaire
Defoe
Damaschke Hebbel
Descartes
Hegel Kussmaul Herder
Wolfram von Eschenbach Schopenhauer
Dickens Rilke George
Darwin Melville Grimm Jerome
Bronner Bebel Proust
Campe Horváth Aristoteles
Voltaire Federer
Bismarck Vigny Barlach Herodot
Gengenbach Heine
Storm Casanova Tersteegen Grillparzer Georgy
Gilm
Chamberlain Lessing Langbein Gryphius
Brentano Lafontaine
Strachwitz Claudius Schiller Kralik Iffland Sokrates
Bellamy Schilling
Katharina II. von Rußland Gerstäcker Raabe Gibbon Tschechow
Löns Hesse Hoffmann Gogol Wilde Vulpius
Gleim
Luther Heym Hofmannsthal Klee Hölty Morgenstern
Roth Goedicke
Heyse Klopstock Kleist
Luxemburg Puschkin Homer Mörike
La Roche Horaz Musil
Machiavelli
Navarra Aurel Musset Kierkegaard Kraft Kraus
Lamprecht Kind Kirchhoff Hugo Moltke
Nestroy Marie de France
Laotse Ipsen Liebknecht
Nietzsche Nansen Ringelnatz
Marx Lassalle Gorki Klett Leibniz
von Ossietzky
May vom Stein Lawrence Irving
Petalozzi Knigge
Platon Michelangelo Kafka
Sachs Pückler Kock
Poe Liebermann
de Sade Praetorius Mistral Zetkin Korolenko

Der Verlag tredition aus Hamburg veröffentlicht in der Reihe **TREDITION CLASSICS** Werke aus mehr als zwei Jahrtausenden. Diese waren zu einem Großteil vergriffen oder nur noch antiquarisch erhältlich.

Symbolfigur für **TREDITION CLASSICS** ist Johannes Gutenberg (1400 — 1468), der Erfinder des Buchdrucks mit Metalllettern und der Druckerpresse.

Mit der Buchreihe **TREDITION CLASSICS** verfolgt tredition das Ziel, tausende Klassiker der Weltliteratur verschiedener Sprachen wieder als gedruckte Bücher aufzulegen – und das weltweit!

Die Buchreihe dient zur Bewahrung der Literatur und Förderung der Kultur. Sie trägt so dazu bei, dass viele tausend Werke nicht in Vergessenheit geraten.

Englische Gedichte aus neuerer Zeit 1

Ferdinand Freiligrath

Impressum

Autor: Ferdinand Freiligrath
Übersetzung: Ferdinand Freiligrath
Umschlagkonzept: toepferschumann, Berlin

Verlag: tredition GmbH, Hamburg
ISBN: 978-3-8424-8975-2
Printed in Germany

Ziel der TREDITION CLASSICS ist es, tausende deutsch- und fremdsprachige Klassiker wieder in Buchform verfügbar zu machen. Die Werke wurden eingescannt und digitalisiert. Dadurch können etwaige Fehler nicht komplett ausgeschlossen werden. Unsere Kooperationspartner und wir von tredition versuchen, die Werke bestmöglich zu bearbeiten. Sollten Sie trotzdem einen Fehler finden, bitten wir diesen zu entschuldigen. Die Rechtschreibung der Originalausgabe wurde unverändert übernommen. Daher können sich hinsichtlich der Schreibweise Widersprüche zu der heutigen Rechtschreibung ergeben.

Englische Gedichte aus neuerer Zeit [I]

(Gesamtwerk, Band 7)

Verschiedene [Dichter]

Übersetzt von

Ferdinand Freiligrath

1846

Ich habe dieser Sammlung von Übersetzungen nur wenige einleitende Worte mit auf den Weg zu geben. Was ich, Lesern und Beurteilern gegenüber, zumeist hervorheben möchte, ist die Zeit ihres Entstehens. Nur ein sehr kleiner Teil des Buches nämlich (Locksley Hall, Godiva, Ulysses, Lady Clara Vere de Vere von Tennyson, Eine Proletarierfamilie in England von Ebenezer Elliott, Warnung von Longfellow und einiges andere) gehört meiner jüngsten Vergangenheit an: alles Übrige ist aus früherer Zeit. Die abschließende Zusammenstellung nach so langer Frist bedarf wohl nicht erst einer Erklärung. Alles will zuletzt geordnet, umgrenzt und – abgeschüttelt sein.

Sonst wüßt' ich kaum noch etwas hinzuzufügen, es wäre denn, um einem möglichen Verdachte übersetzerischer Willkür zu begegnen, die Bemerkung, daß ich die älteren Tennysonschen Sachen nach den ersten Auflagen der Originale (London, 1830 und 1832) bearbeitet habe; ein Umstand, den ich vergleichende Besitzer späterer Editionen, in welchen der Dichter manches bis zur Unkenntlichkeit verändert hat (ich erinnere u. a. nur an Mariana im Süden) nicht außer acht zu lassen bitte. Aus ähnlichem Grunde glaube ich nicht unerwähnt lassen zu dürfen, daß die Stanze des Hemansschen Waldheiligtums, bei sonst verwandtem Bau, sich auch im englischen Texte durch einen vierfachen Reim von der Spenserstanze unterscheidet. Die im Inhalt mit einem Sternchen bezeichneten Stücke hat meine Frau übersetzt.

Zürich, im Frühjahr 1846.
F. Freiligrath.

Felicia Hemans

Das Waldheiligtum

Das folgende Gedicht hat die Absicht, die geistigen Kämpfe sowohl, als die äußeren Leiden eines Spaniers zu beschreiben, der, vor den religiösen Verfolgungen seines Vaterlandes im 16. Jahrhundert fliehend, sich mit seinem Kinde in den Wäldern Nordamerikas eine Zuflucht sucht. Man nimmt an, daß er selbst seine Geschichte in der Wildnis erzählt, die ihm ein Asyl gewährt hat.

Erster Teil

Ihr Plätze alle meiner stillen Freuden,
Euch lass' ich hinter mir auf immerdar!

So ist des Geistes Ruf an mich ergangen:
Mich treibt nicht eitles, irdisches Verlangen.

Die Jungfrau von Orleans.

Der Unterdrückung bot ich meine Brust,
Und für des Glaubens angestammte Freiheit
Ging ich in Ketten, und vergoß mein Blut.

Reue; Tragödie von Coleridge.

1.

Die Stimmen meiner Heimat! Jede Nacht
Durch meine Träume noch hör' ich sie klingen;
Hör' meines Herzens klaren tiefen Schacht
Mit reiner Freude selig sie durchdringen!
O, diese Stimmen! sind auch ein'ge schon.
Verscholl'nen Liedern gleich, der Welt entflohn;
Starb auch in andern jenes wilde Singen

Des Glücks schon und der Lust: – doch noch bereiten
Sie täglich mir ein Fest, die Stimmen andrer Zeiten!

2.

Sie rufen mich durch dieser Wälder Schweigen
Früh bei der Blätter morgendlichem Wehn;
Sie ziehn vorbei, wenn sich die Blumen neigen.
Und wenn am Himmel auf die Sterne gehn;
Gleichwie ein Bach, an dem ihr vormals, ruhtet,
Zur Zeit des Durstes durch den Geist euch flutet,
So hör' ich immer noch ihr süß Getön;
Bis, matt vor' Lechzen, meiner Seel' ich sage:
O, einer Taube Flug, daß er davon mich trage,

3.

Zu meiner Arche! – Doch wohin, wohin? –
Ein sehnend Herz, ich nehm' es mit ins Grab!
Ich bin von denen, über deren Sinn
Ein Hauch – und flog' er hörbar kaum hinab
Den glatten See und seines Schilfrohrs Hecken –
Gewalt hat, Schatten früh'rer Zeit zu wecken.
Wie eines Zaubrers machtbegabter Stab!
So muß es sein! – der Himmel über mir,
Mein eigner wird er nie! – Ruhn meine Toten hier?

4.

Nein, unter Blumen ruht ihr fern im Süden;
Um eure Gräber lächelnd spielt das Licht!
Bis auf ein einz'ges! – Über einer Müden
Aufbraust ein einsam Meer: hier ruht ihr nicht!
'S ist nicht des Ölbaums feierlich Geflüster,
'S ist nicht das Wasser, das da rauscht, wo düster
Kastanien säuseln, was zum Ohr mir spricht;
Die Halle sind's, die nur im Herzen tönen,

Und, Muscheln gleich der See, sich klingend heimwärts
sehnen.

5.

Still! – Von mir werf', ich diesen Gram, ein Aar,
Der von den kräft'gen, ausgespannten Flügeln
Den Regen schüttelt! – Land das mich gebar,
Mich und mein Kind: – mit deinen prächt'gen Hügeln,
Mit deinen Reben du, Hispania,
Was steht dein Sohn im Urwald finster da?
Mit Kett' und Falter wolltest du ihn zügeln!
Der Schmerz vernarbt nicht: – seht die Spuren ihr?
Schmach, zorn'ges Brüten, Groll – das gab die Heimat
mir!

6.

Schmach! – Ein befleckter Name! – Horch, der Wind!
Sein Rauschen spricht ihn doch nicht aus! – Das Zittern
Der Blätter hör' ich, die voll Taues sind,
Und höre rings der Waldung leises Schüttern!
Sie sprechen ihn nicht aus! – Der Zedern Dom
Hallt ihn nicht wieder, und der freud'ge Strom
Verrät ihn nicht des Schilfes grünen Gittern!
Was ist ein Name, wo der Herr allein
In stolzer Einsamkeit spricht zu den Wüstenei'n?

7.

Und ist's nicht viel, daß frei und unbeschränkt
Ich vor Ihm knien darf an des Waldsees Welle?
Knien darf im Forst, der Ihm die Kronen senkt,
Und dumpf ertönt vom Sturz der Wasserfälle?
Was bin ich still, warum denn jauchz' ich nicht?
Lernt' ich doch endlich, was Er liebend spricht.
Von Menschenrede sondern! – Licht und helle

Brach meine Seele sich durch Wollen Bahn,
Und schwebte fessellos und stolz zu Ihm hinan!

8.

Und du, mein Sohn, der du auf meinen Knien
Aufschlägst das Auge, dunkel, ernst und mild.
Voll von der Kindheit heißem Liebeglühn,
Das seinen Tiefen ohne Trug entquillt;
O du, der schlummernd mir am Herzen lag,
Indes ich sorgsam anhielt seinen Schlag –
Für deine Träume schlug es allzu wild! –
Mein Sohn, mein Sohn, und ist es keine Gnade,
Daß beten du gelernt auf frischem Waldespfade?

9.

Was sollt' ich weinen auf dein lockig Haar?
Nie wird dein Schritt der Väter Schloß durchtönen;
Ihr flatternd Banner schwingst du nimmerdar.
Gehst nicht voran der Bergbewohner Söhnen,
Die für die Freiheit einst verspritzt ihr Blut! –
Von Spanien fern trug uns des Meeres Flut:
Doch wird dein Herz auch unterm Druck nicht stöh-
nen;
Du wirst nicht tragen, was ich selber trug,
Der ich um meinen Zorn, der Falschheit Mantel, schlug!

10.

Du sel'ges Kind, dein Los wird anders fallen!
Umsonst nicht lebt' ich, litt umsonst nicht Weh'!
Hört mich, ihr alten, prächt'gen Waldeshallen,
Hört mich, ihr Ströme, die ihr braust zur See!
Hör' mich, du Wildnis, grasbewachs'ne, große,
Durch die der Sturmwind fährt mit jähem Stoße: –
Hört alle mich! Zu sterben, ohne je
Sein Leid zu klagen, es ist schön! Doch brechen

Sah' ich mein trotzig Herz, dürft' es vor euch nicht
sprechen!

11.

Ihr schaut die Eiche dort; sie war der Stolz
Der Wälder rings: – ihr seht es an den Resten.
Wie grün ihr Laub, wie üppig war ihr Holz,
Bis wilder Wein den Tod gab ihren Ästen.
Er warf die Fesseln keck von Ast zu Ast,
Da sank der Baum, da welkte Blatt und Bast,
Da starb er ab, den man genannt den besten.
O Gott, o Gott! und was erblick' ich hier?
Ein Bild der Menschenhand, mein Vaterland, mit dir!

12.

Doch bist du lieblich! Deine Berge klingen –
O, Spaniens süße, trübe Melodien!
In meiner Kindheit mocht' ich gern sie singen.
Die den Verbannten schmerzlich jetzt durchziehn!
Um Fels und Hügel wehn Hispanias Lieder:
O, hört' ich einmal noch den Hirten wieder;
Und in den Tälern, die von Trauben glühn,
Den Maultiertreiber, daß sein Mund die Stille
Mit unsrer Heldenzeit volltön'gen Namen fülle!

13.

Doch einst lag Schweigen ernst auf deinen Wäldern
Und deiner Felsen moosbewachs'nem Wall.
Öd war's im Weinberg, öd war's auf den Feldern,
Öd in den Gärten – Schweigen überall!
Wer, nahm dem Rebstock seine Purpurbürde?
Frei zog die Herde, fern von ihrer Hürde:
Wo war der Hirt, wo seiner Pfeife Schall? –
Kein Lied, kein Rufen, kein Gestampf von Rossen: –
Es hatten in die Stadt die Weiler sich ergossen!

14.

Die Berge still! – Doch in der Stadt Gedränge,
Gewühl und Toben! – Wie ein Waldstrom brach
Sich ihren Weg die aufgeregte Menge; –
Dann einer dumpfen, tiefen Glocke Schlag!
Horch, Schlag auf Schlag! – dazwischen tote Pausen,
Wie furchtbar still der Sturmflut zorn'ges Brausen
Sie unterbrechen; jetzo tausendfach
Ton hast'ger Schritte, dröhnend, wie ein Regen,
Der ein weithallend Dach peitscht unter Donnerschlä-
gen!

15.

Und nun – o, welch ein Zug! Aufflog das Tor,
Das einen Kerker von der freud'gen Helle
Des Tages schied! – Wer wankte draus hervor,
Langsam geleitet über seine Schwelle?
Sie, die gelernt auf feuchten Moderstreu'n,
Wie man in Nacht vergißt den Sonnenschein;
Wie man entfremdet wird in dunkler Zelle
Menschlichen Zügen selbst! – Vor ihr Gesicht
Die Hände preßten sie, geblendet schier vom Licht!

16.

Und *das* am Menschen sind des Menschen Werke! –
Es waren ein'ge drunter, die ihr Leid
Mit der Verzweiflung düstrer, herber Stärke
Umgürtet hatten, wie ein ehern Kleid
Der Krieger trägt, der im Gefecht sich maß:
Doch *ihre* Rüstung drückte sie, man sah's!
Und andrer Geist war Härterm noch geweiht:
Sie lächelten; – o, schrecklich Lächeln dessen,
Dem irr die Seele floh! – wo schläft sie unterdessen?

17.

Doch weiter, weiter (seines Glaubens wegen
Zum Feuertode!) schritt der finstre Zug.
Es war das Opfer, das dem Herrn entgegen
Das stolze Land des Rittertumes trug.
Sie schritten stumm an Tausenden vorbei;
O Gott, wie anders alle diese – frei,
Stolz, schön, geliebt! – doch jede Fiber schlug!
Ein Volk hielt seinen Odem an; mit Zittern
Ließ den Gedanken: *Tod*! es seine Brust durchschüttern!

18.

Wohl mochte rings von Mitleid und von Zorn
Manch Herz erglühn von diesen tausend Herzen,
Denn allenthalben quillt der Liebe Born,
Und auch das Weib, das lächelnd unter Schmerzen
Gebiert und säugt, auf dessen treuen Knien
Zuerst Gebete lallend uns entfliehn –
Das Weib auch sah des Zuges Trauerkerzen!
Doch sonnig lacht der Herd, süß ist das Leben,
Und wert der freie Schritt – drum sah man alle beben.

19.

Mut, Jugend, Kraft! – Ihr Wille war gebunden,
Ein Frost befiel ihr Lieben und ihr Hassen;
Still, wie ein Wald in schwülen Mittagsstunden,
So standen rings die atemlosen Massen;
Starr, ein gefrorner Strom! – Doch bald befreit.
Braust er und brandet, wie zu bess'rer Zeit!
Die Dulder aber hielten aus; – gelassen,
Mit festem Gange schritten sie zur Glut!
Wer band das Volk? – es sah, und alles däucht' ihm gut.

20.

Und mir auch däucht' es gut; – aus fernem Land
Denselben Tag erst war ich heimgekommen;
Doch voll von meines eignen Geist; – die Hand
War noch nicht da, die mir vom Aug' genommen
Mit kräft'gem Griff des Irrwahns falt'ge Decken.
Ich starrte, wie durch Flor; – mit stummem Schrecken
Sah ich den Festprunk, düster und beklommen;
Und regten Mitleid sich und Ungeduld:
Hinwarf ich schaudernd sie, dem Giftkelch gleich der
Schuld.

21.

Doch ich erwachte, jenen Träumern gleich.
Die jäh bei Nacht das Horn ruft auf die Wälle;
Anstürmt der Feind; sie führen Streich auf Streich;
Sie müssen kämpfen, bis die eigne Schwelle
Ihr Blut gefärbt. In meine Seele brach,
Rasch und gewaltig, wie ein Donnerschlag,
Das Licht sich Bahn: und mit des Lichtes Helle
Einschritt die Freiheit lächelnd durch Ruinen;
Spät, doch vergebens nicht: – neu ließ den Schutt sie
grünen.

22.

Und immer noch, wie eine Wolke schier,
Die, langsam zieh'nd, am Horizonte dräu't,
Traumhaft vorüber glitt die Festschar mir,
Und ohne Tränen sah ich an ihr Leid.
Ein jeglich Opfer schien mir nur ein Bild,
Gemalt, zu zeigen, was den Geist erfüllt,
Der auf dem Rande bebt der Sterblichkeit;
Bis einer kam – kalt überlief es mich;
Mein Freund, mein erster Freund! – und fiel mein Blick
auf dich?

23.

Auf dich, mit dem zur Zeit des Herbstgetümmels
Ich einst als Kind der Heimat Trauben brach;
Vor dessen Auge, wie vor dem des Himmels,
Des Knaben Seele kindlich offen lag;
An dessen Seite kühn zur Schlacht ich trabte;
Aus dessen Helme frische Flut mich labte,
Als heiß mein Haupt die Tropensonne stach:
Mild zu dem Wunden beugtest du dich nieder; –
Die Jahre flohn indes, – und so sahn wir uns wieder!

24.

Noch seh' ich sie – die Miene, stolz und kühn,
Die bleiche Stirne, machtbewußt und klar,
Denselben Blick, der einst so hell mir schien,
Und mich erhob zur Stunde der Gefahr,
Als in den weißen, schneebedeckten Anden
Von Indianern wir umzingelt standen,
Dem Berghirsch gleich in gier'ger Hunde Schar;
O, welch' ein Tag!– Durch Speer- und Pfeileregen
Bluttriefend brachst du Bahn: o, wärst du da erlegen!

25.

Doch nein! Ich wünsch' es nicht! Denn edler starbst du!
Starbst für die Wahrheit! – Und an ihrem Thron,
Mein Freund, mein Alvar, eine Statt erwarbst du
Dir bei den Tausenden, die lächelnd schon
Ihr Blut verspritzt auf seinen Stufen haben:
Ihr Tod war ihr Triumph! – Ob unbegraben,
In alle Welt ist ihre Asch' entflohn!
Frisch weht der Wind, in den man aus sie streu'te,
Daß er, ein Säemann, als Saatkorn sie verbreite!

26.

Du, dem der Seele Trachten offenbar:
Du, dem kein Frevel noch verhüllt geblieben;
Du, der allwissend den Gedanken gar
Sieht, wie ein Ding, mit Sonnenstrahl geschrieben;
Du weißt es, Herr, was dieser Mann, verbrach:
Daß er, wie jene, sein Gebet dir sprach,
Die stille dir ihr Herz zu opfern lieben;
Daß er dich ehrte, jenen ersten gleich,
Die auf des Ölbergs Haupt hinknieten ins Gesträuch,

27.

Denn durch die Nebel, die ihn hier umfloren,
Bricht oft der Geist, dem du ein Wecker bist;
Und fühlt und ahnt – er ist von dir geboren! –
Daß Menschenwort nicht immer dein Wort ist!
Und – o du Staub, dem Toren Macht verleihn;
Gebrechlich Rohr, das Geißel möchte sein;
Ohnmächt'ger Funken, der zerstörend frißt,
Weil Gott ihn nicht zertrat – wo blieb' ein Hoffen,
Ständ' uns vor Menschenspruch nicht eine Zuflucht of-
fen?

28.

Doch das empfand ich später erst; denn jetzt
Sah ich nur ihn! und Tage, längst gewichen.
Frischt' er mir auf, wie, wenn es Wasser netzt,
Neu glüht ein Bild, das dunkel und verblichen.
O Tag des Stolzes, als im Eisenhut
Zuerst ich unter Bannern focht, mein Blut
Vollpulsig springend zu der morgendlichen
Trompete Schmettern – als sein Schwert mir blitzte,
Wie eines Bruders Schwert, der seinen Bruder schützte!

29.

Mich traf ein Speer in jenes Tages Lauf;
Ich fiel – die Schlacht ging über mein Gesicht;
Bewußtlos lag ich, endlich wacht' ich auf;
Wie sah ich alles wieder jetzt: – das Licht,
Des Mondes Licht – Rüststücke – blut'ge Kiesel, –
Der Quelle Saum – des Wassers süß Geriesel –
Und Alvar über mir, der warm und dicht
Mit seinem Mantel vor der Nacht mich deckte:
O, nichts was nicht sein Schau'n in meiner Seele weck-
te!

30.

Bis ich zuletzt, im Drange der Gesichte,
Ward, wie ein Mann in schwerer Träume Haft;
Sein Leib erbebt; es drückt ihn, wie Gewichte;
Er sieht, er hört, doch starr und ohne Kraft.
Manch teuer Antlitz beugt sich über ihn,
Doch Düstres auch sieht er sein Haupt umziehn:
So stand auch ich, so ward ich selbst entrafft
Von diesen lieben, wohlbekannten Zügen,
– Und konnte weinend doch an seine Brust nicht flie-
gen!

31.

Er schritt vorüber, – und wer schritt ihm nach?
Zwei: – seine Schwestern! – ach, um gleiche Schuld!
Die Hoheit, die auf diesen Stirnen lag,
Wohl kannt' ich sie, und dieser Züge Huld!
Doch o – wie anders beider Angesicht!
Blumen, wie diese, blühn im Kerker nicht:
Ihr, so geliebt, vom Glück so eingelullt,
Inez, Therese – königliche Frauen,
Erwuchst ihr einzig denn zu dieser Stunde Grauen?

32.

Öd euer Haus jetzt! An der Wand, bestaubt,
Hängt eure Zither unter Spinngeweben!
Und in der Halle, jedes Tons beraubt,
Der seinen Rufen Antwort einst gegeben,
Stumm und verarmt in seiner Banner Kreis
Sitzt euer Vater, ein gebrochner Greis!
Die Banner flüstern und er wähnt mit Beben,
Daß jetzt ein Name, den in stolzer Reih'
Ein Stamm von Helden trug, durch euch geschändet
sei.

33.

Weh' euch, ihr Süßen – unter Liebesblick
Und Liebeswort und Liebesgruß erzogen!
Einst sah ich euch in Schönheit und in Glück,
Dem Liede lauschend und vom Kranz umflogen!
– Doch in der einen mochten da wohl schon
Gedanken schlummern, die die Menge flohn!
Trüb oft umflort' es ihrer Stirne Bogen;
Und ernstes Sinnen, wie es nachts erwacht,
Lag tief in ihres Aug's gesenkter Wimpernpracht.

34.

Und ging sie hin, dem Feste sich zu zeigen,
So war es nur, wie wenn ein düstrer Stern
Zusieht im Felde einem Hirtenreigen;
Lichtvoll zugegen, aber hoch und fern!
Zu lächeln strebend – ach, auch das wie lieb! –
Sah sie die Freude, der sie fremd doch blieb!
Einsam und trüb in ihres Wesens Kern,
Stritt sie mit Ird'schem nicht – nur ein zu klares
Licht goß sie drüber aus, ein allzu traurig wahres.

35.

Allein das Unglück weiß aus seinem Schacht
Den Hort der Seele an das Licht zu bringen:
Den Mut, die Stärke! So auch läßt die Nacht
Melodisch nur der Ströme Wellen klingen!
Noch gestern schlummernd, zuckte jede Kraft
In ihrer Brust heut, ewig langer Haft
Zum ersten Male stolz sich zu entringen!
Sie gab sie frei! – Könnt eine Rose mild
Trotz bieten dem Orkan, die wäre wohl ihr Bild!

36.

Denn sieh', der milde Trübsinn, dessen Schleier
Ihr schönes Haupt umwallte, war geflohn,
Und eine Flamme, wie prophetisch Feuer,
Blitzt' ihr im Auge. War es Stolz – war's Hohn –
Gefühl der Kränkung – ach, das alles band
Mit eh'rnen Reifen, fest wie Diamant,
Manch zagend Herz, daß es nicht breche, schon!
Das ihre nicht! Ihr Seelenhalt war fester;
Hinschritt sie ungebeugt – des Tapfern tapfre Schwes-
ter!

37.

Doch ist es qualvoll, ach, bei allem Süßen,
Ein Weib zu sehn, das so sich Kränze flicht;
Zu sehn dies reine, reiche Überfließen
All' jener Quellen, draus die Liebe bricht!
In fremdem Leben, es umklammernd, ruht
Des Weibes Leben: keiner Stürme Wut
Raubt ihm den Halt! die Frau umstrahlt das Licht
Der Zärtlichkeit, ihr Aug' ist naß von herben
Tränen der Leidenschaft – drum kann sie so auch ster-
ben!

38.

Drum schrittest du auch hoch und stolz von hinnen.
Als hätt' ein Sieg die Seele dir erweitert!
Drum warfst du ab dein eignes holdes Sinnen,
Und ruhtest nicht, bis du den Freund erheitert!
Den Stern, den Bruder deiner heil'gen Jugend,
Der an dem Born der Wahrheit und der Tugend
Vom Staub der Erde deine Brust geläutert!
Du wolltest nicht, daß er, in dessen Nähe
Du nie gezittert noch, zuletzt dich zittern sähe!

39.

Denn keine Liebe noch war eingekehrt
In deinen Traum, als die mit sanfter Kette
Zusammenhält, was eine Brust genährt.
Und was erwuchs an einer Feuerstätte!
Die hob dein Leben! – Ich begreif' es kaum:
Dasselbe Spielen unter einem Baum,
Dasselbe Mahl, dasselbe kleine Bette,
Dasselbe Knie'n, dasselbe erste Flehen –
Muß alles das so oft im Hauch der Welt verwehen?

40.

Doch dich berührt' er nicht; noch auch den Lieben,
Mit dem du littest! Ja, du warst beglückt!
Dir konnte nichts das Bild der Neigung trüben:
Drum wie 'nen Schild auch hast du es gedrückt
An deinen Busen! hast du lange Nächte
Gewacht am Pfühl des Dulders, seine Rechte
In deiner haltend! hast du aufgeblickt,
Mit seinem Schicksal deines kühn vermählend,
Ein Hoffen und ein Licht – und einen Tod auch wäh-
lend!

41.

So gingst du strahlend! Herber *ihr* Geschick,
Die, nach dir wandelnd, Furcht und Kummer beugten!
– Barmherz'ger Gott, daß eines Menschen Blick
Um solchen Jammer je sich mußte feuchten!
Die Herrliche! wie war ihr Weg bis heut,
Ein Elfenpfad, mit Rosen nur bestreut!
Wie blitzt' ihr Auge mit verklärtem Leuchten!
Wie hob empor ihr jubelnd Wort den Schwachen,
Ein selig Lerchenlied, bei dem die Saaten lachen!

42.

Sie, ach, und sterben! – der die Welt so schön
In ihren Blumen noch und ihren Blättern!
Glich nicht ihr Lächeln selber dem Entstehn
Des Regenbogens auf des Lenzes Wettern?
War nicht ihr Schreiten dem des Rehes gleich?
Und ihre Stimme, silberhell und weich,
Die jauchzend oft mit unbewußtem Schmettern
In prächt'gem Wildsang sich ergoß: – wer ahnte,
Daß Tod und Sterben sei, wenn die ans Leben mahnte!

43.

Als ich zuletzt sie schaute – welch ein Bild!
Durch meine Seele glänzend sah ich's fließen:
Ein goldner Abend draußen im Gefild
Zur Zeit der Lese! – Matter Sterne Grüßen
Durchbrach das Laub, der Nachtwind hauchte frisch;
Da saß sie froh im rank'gen Weingebüsch
Guitarre spielend zu des Vaters Füßen,
Und lacht' empor zu ihm und ließ erklingen
Ein schlicht und herzig Lied, wie Hirtenkinder singen.

44.

Und nun – o Gott! die Furcht des Todes bog
Und schüttelte dies stolze junge Leben!
Ihr Busen hob sich und ihr Odem flog,
Und ihre bleichen Lippen sah ich beben!
Sie schaut' empor mit wildem, wirrem Blick:
Der strahlte warm das tiefe Blau zurück
Des südlichschwülen Himmels; – ach, zu heben
Ein flehend Auge nur! hart und metallen
Schwieg er, und ließ kein Wort der Gnade niederfallen!

45.

Du zitternd Erdenkind! Wie sehr gehörte
Der Erde schon dein ganzes Trachten an!
Der ersten Liebe süßes Feuer zehrte
An deinem Sein! Wohl kannt' ich einen Mann –
An dessen Hand mit unentfärbten Wangen
Wärst du vielleicht kühn in den Tod gegangen;
Doch der war fern; – Und als nun erst heran
Die schwere Stunde kam mit ihren Flammen,
Da brach in Todesangst dein schwacher Leib zusam-
men!

46.

Kein Helfer nah! – Hingingst du deine Bahn!
Mit dir die andern; stark – verzweifelnd – zagend!
Die, wie vom Sturm dahingeführt ein Kahn;
Die, wie das Laub im Wirbelwinde jagend;
Und die, wie Krieger, die das Blutgefild
Zum letzten ruft – dann ruhn sie auf dem Schild;
Des sind sie froh! – Um mich zusammenschlagend,
Riß wogend ietzt von dannen mich die Menge,
Wie steuerlos ein Schiff hintreibt im Flutgedränge.

47.

Ein weiter Platz! Wir haben ihn betreten;
Hoch und geschmückt in seiner Mitte sah
Ich einen Altar, festlich zu Gebeten
Und Opfern rufend! O, war keines da
Von all' den Früchten, von den Blumen allen,
Die in den sonn'gen Schoß der Erde fallen?
War jung und weiß kein Herdenerstling nah,
Wie da vor Gott die Patriarchen lagen?
– Blick nieder, Herr! der Mensch wird Menschen dir er-
schlagen!

48.

Schuldloses Bruderblut! Hör' seine Stimme!
Aufsteigt ein Wehruf vom befleckten Rain; –
Such' den Vergießer heim in deinem Grimme:
Nachtwandelnd Fürchten laß Genoß ihm sein!
Gib Macht dem Winde, zornig ihn zu fragen:
»Wo ist dein Bruder?« – Mögen ihn verklagen
Nachts die Gestirne, wenn mit wildem Schein
Ihr brennend Auge blitzt auf seine Pfade;
Auf daß die Erde weiß: »Nicht Opfer will ich:–Gnade!«

49.

Triumphgesang! Die Messe ward gesungen!
So, dacht' ich einst mir, sängen Engelchöre!
So hat es wohl in Salem einst geklungen,
Als der Allmächt'ge seiner Gegner Heere
Warf in den Sand auf Syrias Palmenflächen! –
Ein Meer von Tönen hört' ich stolz sich brechen.
Oft, wenn der Sturmwind braust um Eich' und Föhre,
Und ihre Kronen niederbeugt zum Grunde,
Bringt mir sein Ton zurück das Loblied jener Stunde.

50.

Es starb dahin; – die Weihrauchwolken flogen –
Das Urteil schallte!– Glühend, wie vor Scham,
Hat sich die Sonne trüb mit Duft umzogen.
Und Wolken brannten, als sie Abschied nahm!
Abschied von denen, die gedämpft und hohl
Zuletzt heut riefen: »Sonne, lebe wohl!« –
Der Abend flammte – Nacht und Mondlicht kam –
Schlaf sank, wie Tau, auf Wald und Schlucht und Welle
–
Nur nicht auf eine Statt: auf eine Todesstelle!

51

Sie war nicht in der Stadt – hell sah man blitzen
Der freien Sierren schneebedeckte Höh'n,
Mit Adlerhorsten auf den blanken Spitzen,
Und Jägerhütten, die am Waldbach stehn;
Dazu mit Tälern und mit Rebenhügeln,
Mit Wasserfällen und mit Wasserspiegeln
Und stolzen Wäldern, die mit Laubgetön
In mancher Hütte sel'gen Schlaf umschlossen!
Ein prächtig Nachtstück – ach, von Sterbenden genos-
sen.

52

Mit ihren Sternen kam die Mitternacht,
Die prächtige, die funkelnde! – Was weh'ten
Pechkranz und Fackel noch durch ihre Pracht,
Mit frechem Scheine flackernd sie zu röten?
Blutig, Therese, überlief er dich!
Schon unterm Holzstoß, hobst du feierlich
Dein dunkles Auge, schwimmend in Gebeten!
Und dich auch, Inez! tief die Stirne neigend,
Verhülltest du dein Haupt – farblos, o Gott, und
schweigend!

53

Und Alvar, Alvar! – Dich erschaut' ich auch;
Fest, königlich – bis deiner Blicke Rollen
Auf Inez fiel! da trübte sich dein Aug',
Und deine Brust, in Qual und Lieb' und Grollen,
Hob sich und senkte sich, zerspringend schier!
Was kam ich her, für alle Zukunft mir
Das Bild zu holen? goß es seinen vollen,
Endlosen Jammer nicht in meine Seele,
Daß es noch heute mich in meinen Träumen quäle?

54.

Was kam ich her? O Rätsel! – Warum hängt
Denn auch das Auge starr noch über Zügen,
Auf die der Tod schon seinen Tau gesprengt,
Und über Herzen, die verpulsend fliegen?
So, glaub' ich, war's: mich riß ein Sehnen fort!
Nur einmal wollt' ich hören noch sein Wort!
Meins war gebannt – ich hab' entsetzt geschwiegen,
Und zugesehn, wie Mond- und Fackellicht
Abwechselnd überflog sein marmorblaß Gesicht.

55.

Ansprengt' ein Pferd! – ein hohes, weißes Pferd!
Es brach durchs Volk mit raschen, zorn'gen Hufen –
Ein Donnersturm, der einen Forst durchfährt! –
Und eine Stimme hört' ich »Inez!« rufen.
O, welch ein Ton! Sie kannt' ihn – schaute groß
Und frei sich um! Ein Reiter, atemlos,
Sprang aus den Bügeln, flog die Rasenstufen
Zu ihr hinunter, warf mit kräft'gem Streiche
Die Gaffer rings zurück, und schloß ans Herz die Blei-
che.

56.

Und einen Augenblick wich alles weit
Der Leidenschaft, die so zu Tage blitzte;
Ein zitternd Vöglein – doch in Seligkeit! –
Lag an der Brust sie, die sie trug und stützte,
O Liebe, Liebe, heilig, heiß und fest,
Die Wonne selbst aus solchen Stunden preßt:
Gäb' es ein Fleckchen, das dich dauernd schützte,
Zu herrlich wär' die Welt, zu voll des Schönen!
Zu bitter wär's, im Tod sich ihrer zu entwöhnen!

57

Doch sie – der Weide gleich, die sturmgeknickt
Hinsinkt am Strome mit zerwehten Zweigen –
Sie hing gebrochen, ach! und doch entzückt
An seinem Halse; fühlt' in sel'gem Schweigen
Tiefsicher sich bei dem geliebten Mann;
Ihr war's, als trennte nichts mehr sie fortan,
Als wäre sie für immer nun sein eigen! –
So wähnt ein Kind auch, bar sonst aller Wehre,
Daß an der Mutter Brust kein Blitzstrahl es versehre.

58

Ein kurzes Ruh'n! – Auf zorn'ger Wellen Höh' .
Ein flüchtig Klingen süßer Himmelslieder,
Hinschwimmend durch die sturmzerwühlte See
Und ihre Schäume. – Bald verfinstert wieder,
Drang Ort und Stunde grimmig auf sie ein!
Wie Tropfen Blutes, rot vom Fackelschein,
Rann ihrer Tränen wilde Stürzflut nieder –
Heiß, Guß auf Guß! – als wollt' ihr ganzes Wesen
An des Geliebten Brust in Tränen auf sich lösen.

59

Doch er; – wohl wüßt' er, daß umsonst sein Streben!
Und dennoch hofft' er! mit der Liebe Flehn
Von ihrem Glauben wollt' er sie dem Leben
Zurückgewinnen! – O sie war so schön!
Der Zeit gedacht' er, wo sie wild und frei,
Wie lauter Licht, wie lauter Lenz und Mai
Ans Herz ihm flog! Er konnt' es nicht verstehn,
Daß all' die Lust, die frisch durchs Blut ihr rollte,
Im Ernst die Bitterkeit des Todes kosten sollte!

60.

Er küßt' ins Leben sie zurück. – »Sei mein!
Inez! mein alles! O', wirf ab den Wahn,
Der dich verlockte! Hat nicht Sonnenschein
Rundum gelacht noch, Inez, deiner Bahn?
O, bann' ihn dir! dein sei die Lust, das Licht!
Nimm sie und gib sie! o, verlaß mich nicht!
Du warst mein Glück, mein Hort von Kindheit an!
Dein Bild im Herzen schweift' ich durch die Meere;
O, bleib' am Leben mir! o, stirb nicht, da ich kehre!«

61.

Wild sah sie auf; ängstliche Augen harrten
Auf dies Emporschau'n – Augen, ernst und trüb!
Alvars, Theresens! – Ihrer Kindheit Garten,
Mit allem drin, was heilig ihr und lieb,
Lag in *den* Augen! – Ihre Hände rang sie;
Furcht, Glaube, Liebe – alles das durchdrang sie,
Ach, und des Lebens heißer, mächt'ger Trieb!
Du bebend Rohr! Mir war's, als ob ich wüßte,
Daß brechen dich der Sturm – nicht bloß erschüttern
müßte!

62.

Und also war's – sie wurde bleich und rot,
Wie ihres Blutes Welle kam und ging;
Blau ihre Stirn beschattete der Tod,
Ihr Auge sank, und durch der Wimpern Ring
Schien feuchter Glanz. Dann überkam ein Zittern
Den zarten Leib – ein Zucken und ein Schüttern,
Bis ihren Geist, was drüben ist, empfing.
Still lag sie da, vom Arm der Lieb' umfangen:
Sie – was von Erde war! was liebte, war gegangen!

63

Triumph um dich! Triumph, befreite Taube!
Wo du entflogst, ist eine Siegesstätte!
Getäuschte Rache naht sich deinem Staube,
Doch du bist frei, und *durch* ist deine Kette!
Und nicht verleugnet in der letzten Stunde
Hast du dein Hoffen, ob mit bangem Munde
Die Lieb' auch kam, daß bittend sie dich rette;
Ob auch des Lebens hell und sonnig Glänzen
Wach deine Sehnsucht rief mit allen seinen Kränzen!

64

Doch Weh' um ihn, der fühlen es gemußt,
Wie zuckend dein Herz dicht an seinem brach!
– Die eis'ge Kälte kaum der stillen Brust,
Das Schweigen kaum, das um dein Auge lag,
Brachte zurück den Glauben ihm, den herben,
Den fürchterlichen, daß du wirklich sterben,
Gewißlich sterben konntest! – Ach, der Schlag
Traf ihn zu jäh in seines Hoffens Fülle –
Schlaff löste sich sein Arm – hinsank die starre Hülle!

65

Man zwang ihn fort. – In seiner Seele Jammer
Ausstieß er Worte, wild und grimm und dreist,
Wie glühend Eisen unterm wucht'gen Hammer
Hierhin und dorthin zorn'ge Funken schmeißt!
Sie wußten's höhnisch ihm als Schuld zu deuten:
O, sprengt' ein Herz im Brechen seine Saiten,
Manch rauhe Hand dann, kalt und frevelnd, reißt
An den zersprungnen, daß sie gellend dröhnen,
Und nennt Verbrechen gar ihr schrill und seltsam Tö-
nen.

66.

Doch dich in ernster Freude, gläubig Paar,
Sah ich herab auf die Gestorbne schauen;
Der Fackeln Glut beschien dich tagesklar: –
In deinen Zügen Friede, Ruh', Vertrauen!
Ich sah die Angst von meines Alvars stolzen,
Erhabnen Mienen glorreich fortgeschmolzen;
Kein Zweifel mehr bewegte seine Brauen.
Die blasse Stirn der Toten küßt' er leis:
»Dein Kampf ist ausgekämpft! Ruh' aus! dem Herren
Preis!«

67.

Ich fuhr empor; – er war es, der gesprochen! –
Ein einz'ger Hauch schrie meine Seele wach;
Ihr eh'rner Schlaf, ihr Starren war gebrochen –
Gefühl, Gedanke kehrten hundertfach.
– Zieht nicht im Südwind so ein weiches Wehen,
Vor dem die Ketten springen und vergehen,
Die rauh der Winter schlug um Strom und Bach?
– Ich riß mich los – wild bin ich vorgedrungen.
»Freund, Bruder! lebewohl!« so hielt ich ihn umschlun-
gen.

68.

Rief *er* nicht »Lebewohl?« – Kein Hauch, kein Ton!
Doch sagt' ein heiser Murmeln aus der Menge,
Daß ihr verhüllt blieb allzu lange schon
Der Todesschau geheimnisvoll Gepränge.
Dann – wie zwei Männer trennt der Brandung Rollen,
Die miteinander mutig sterben wollen,
Trennt' uns der Volksflut Anprall und Gedränge!
Er ging drin unter – *ich* bin durchgeschwommen;
Seelzagend stürzt' ich *fort* von dem, was sollte kom-
men!

69.

Fort! – Sieh', da hob die Flamme sich mit Macht!
In spitzigen Säulen wuchs sie rasch und hoch,
Bis hellen Scheins die klare Mitternacht
In ihrem Rot ein blut'ger Mantel flog;
Bis, wie sie strömt' und wallte mit den Winden,
Die Stadt zu glimmen und sich zu entzünden
In ihrem Glaste schien; – taghell umzog
Das Werk des Todes er! – von Furcht gebannt,
Harrt' ich des ersten Schrei's, die Augen in der Hand.

70.

Und hört' ich ihn? – Hört' ich ins Ohr mir dringen
Den gellen Wehruf, der es nie verläßt? –
O nein! ein süßes, feierliches Singen
Durchbrach die Flammen, laut und klar und fest!
Die stolzen Töne! Wohl erkannt' ich sie,
Als voll heranfloß ihre Melodie!
Stimm' eines Mannes – frei und ungepreßt,
Wie sie die Schlacht beherrscht in ihrem Grimme –
Dröhnt' in das weiche Flehn von eines Weibes Stimme.

71.

O, furchtbar war's und glorreich doch, zu wissen,
Daß diese Töne, die so jauchzend klangen,
In ihrer Luft den bodenlosen Rissen
Des allertiefsten Menschenweh's entsprangen!
Alvar, Therese! – was ist stark, was hehr? –
Der Odem Gottes in der Seele! – *Der*
Schwellt' eure Stimmen, daß so kühn sie sangen! –
Zunahm die Glut – die Hitze stieg und stieg –
Matt wurde der Gesang – ich lauschte hin – er schwieg!

72.

Und du warst Asche nun, o du Getreuer,
In dessen Blick sich meine Seele sonnte;
Du, der allein durch spät'rer Jahre Schleier
Der Kindheit Bilder frisch mir zeigen konnte!
Wohl mochten andre fürder stützen mich: –
Doch *die* Gedanken mischten du und ich,
Die einmal nur am Lebenshorizonte,
Und dann nicht wieder, sprühn! – Kein ander Wesen
Vermochte mir zu sein, was du mir warst gewesen!

73.

Doch weint' ich nicht um dich! zu tief für Zähren
Die Leidenschaft, mit der ich hing an dir!
Du Kühner, Stolzer – *dir* ein Grab zu wehren!
Dir deines Kriegernamens blanke Zier
In Schmach zu tauchen! *Du* und schuldig sein! –
Kannt' ich von Kind auf nicht dein Trachten? – Nein,
Und hatte laut die ganze Erde mir
Dein Urteil zugeschrien aus einer Kehle:
Doch hätt' ich dir vertraut mit fester, voller Seele!

74.

Es gibt im Leben starke, schnelle Stunden,
Die Stürmen gleich sind, recht in ihrer Macht!
Sie stürzen Dinge, die wie Felsen stunden
Dem zweifellosen Geist; – in seine Nacht
Gießen sie Licht: – so wird der Wald erhellt,
In dem ein Eichbaum jähen Sturzes fällt! –
Die Nebel jagen sie – und wild entfacht
Glühn sie das erzene, von Jahren volle
Blatt des Gedankens an – es schrumpft wie eine Rolle!

75.

So *diese* Stunde! – mit gewalt'gem Fluten
In meine Seele trat sie, ernst und groß!
Noch wogten auf und ab die roten Gluten,
Sengend mein Herz; – es lechzte atemlos
Nach Luft, nach Freiheit und nach Einsamkeit!
O, eine Wüste damals, wild und weit,
Um meine Stimme mit der Winde Stoß
Brausenden Schalles durch den Raum zu jagen,
Und der Geschicke Sinn den Sternen abzufragen!

76.

Die Wolk' im Flug, die zorn'ge Windesbraut,
Die ältesten Himmel hätt' ich gern beschworen:
»Sprecht! zeigt mir Wahrheit!« – Durch die Sturmnacht
laut
Hätt' ich es Alvars, des Gestorbnen, Ohren
Zurufen mögen: »Kehre! gib mir Wahrheit!« –
Heiß, fiebrisch durstend rang mein Geist nach Klarheit,
Voll von Gedanken, die gefesselt goren! –
Von neuem floh ich – ziellos wild hinaus! –
Bis plötzlich mich umfing ein einsam Gotteshaus.

77.

Ein mächt'ger Münster, dunkel, stolz und weit! –
Wie still die Schläfer unter seinen kalten
Marmornen Fliesen! – Die Vergangenheit,
Als müßte schweigend Totenwacht sie halten
Auf diesem Estrich, schien mit finsterm Brüten
Die prächt'gen Räume nebelhaft zu hüten!
Trüb in den Gängen starrten die Gestalten
Steinerner Männer unter Panzerwucht; –
Stumm alles, wie die Nacht in einer Bergesschlucht.

78.

Und stummer noch! – Denn dort ist Wasserfall
Und Wind und Laub und krachender Äste Schwingen!
Hier ließ ein eigner hohler Widerhall
Sogar mein Atmen noch zu taghaft klingen!
Zu laut mein Fußtritt für den Mondenschein,
Der durch die Bogen strömte, voll und rein! –
Und ich stand still: – verhallt Gebet und Singen!
Nur wehte noch ein leichenhafter Duft
Von Weihrauch. – Ich stand still – vor Gott und vor der
Gruft.

79.

Denn ihr umgabt mich, Tote dieser Stätte!
Ich sah euch ruhn mit Kreuz und Helm und Schild!
Ob euer Staub sich nicht erhoben hätte,
Wär' ihm ein Ruf erklungen, dreist und wild?
Wohl trug kein Beter noch an eure Gitter,
Was ich euch bot, ihr Priester und ihr Ritter!
So war wohl keiner noch von Zorn erfüllt,
Von Angst und Zweifel! – Hätt' ich reden wollen,
In eurer Särge Pomp hättet ihr zittern sollen!

80.

Doch könnt' ich's nicht! – Hier nicht, in diesen Chören,
Die ein Jahrtausend langsam schon durchfloß!
Hier nicht, bei Schreinen, hell noch von den Zähren,
Die brünst'ge Andacht knieend dran vergoß!
In ihrer düstern Pracht zu mächtig drohten
Altar und Gruft mir – drohtet auch ihr Toten!
War nicht *der* Glaube euer Sarggenoß,
Der auf der Brust mir lag mit Bergeslasten;
Hier wälzt' ich ihn nicht ab; – wozu noch bei euch ras-
ten?

81.

Ich wandte mich; – ein mattes Glänzen schon!
Gleichwie durch Nebel Schnee der Bergesau
Dem Auge schimmert! Nacht und Mondlicht flohn;
Frühdämm'rung nahte – langsam, schattig, grau,
Doch immer Dämm'rung! – durch die Fenster strö-
mend,
All' ihre Farben glorreich mit sich nehmend,
Warf Strahl auf Strahl sie, eine glüh'nde Schau!
Der Strahlen einer aber glänzte klar,
Wo still und bleich ein Bild herabschien vom Altar.

82.

Dein Bild, Sohn Gottes! – Eine zorn'ge Tiefe
Mit Schaum und Sturm und Wolken um dich her,
Und eine Wucht von schwarzer Nacht! – wer schliefe
In solcher Nacht auf einem solchen Meer?
Und vor dir trieb ein Fahrzeug, sturmgefaßt,
Zerrißnen Segels, mit gebognem Mast;
Du aber, gleitend wie ein Geist, und hehr,
Bewandeltest die Flut mit festen Füßen,
Hin durch der Winde Groll, die einen Pfad dir ließen.

83.

So still dein weiß Gewand! kein Lufthauch war,
Der es bewegte – ruhig jede Falte!
So still dein wellig, dein gescheitelt Haar,
Das von der hellen Stirne niederwallte!
Die Himmel schwarz, die auf dich niederschauten,
Die Wogen finster, die den Kahn umgrauten!
Auf dich allein, da rings Gewölk sich ballte,
Floß hellen Lichtes breite, volle Pracht –
Du warst der einz'ge Stern, o Heiland, dieser Nacht.

84.

Hilf, Herr, ein Sinkender! – Dein einsam Glühn
Fiel auf sein bleich und zagend Angesicht,
Das furchtverzogen dir zu rufen schien
Durch Sturm und Brandung: »Hilf, Herr! – laß mich
nicht!« –
Und nicht vergebens! Daß er Rettung fand,
Reichtest du helfend seiner Angst die Hand!
Du bist das Leben und du bist das Licht: –
Zuviel von unsrer Qual hast du getragen,
Als daß du unsrem Flehn je könntest dich versagen!

85.

Du stärktest ihn! – Könnt' überm *Tode* auch
Aufgehn dein Antlitz, Herr, mit seinem Schein?
Dein Antlitz, strahlend durch des Irdschen Hauch,
Und doch so hehr, so mild, so göttlich rein?
– O, dies Prophetenauge, still und stet,
Von Liebe voll und Schmerz und Majestät!
Und diese bleiche, hohe Stirn! – Ein Schrein,
Auf dem die Macht saß, hell und frei und groß,
Ansagend: »Dieses Haupt ist *jetzt* nur kronenlos!«

86.

Und über allem dieses Lächeln dann,
Und dieser Mund, voll Gnade, voll Verzeihen!
Zu diesem Blick einst sah der Staub hinan?
Zu eben diesem – dem verhüllten, treuen?
So warst du ganz, als dich die Erde trug?
Gewiß! mein Herz, das erst so zornig schlug,
Ward still vor dir, gleichwie vor deinem Dräuen
Still ward das Meer und leis die Winde wehten: –
Was hatt' ich hier zu tun, als weinen, knien und beten?

87.

Und in der Stille fleht' ich bei den Toten:
»Bei jenem Kelche, den die Sterblichkeit,
Voll ihres Weh's, Erlöser, dir geboten –
Hör' eine Seele, die nach Lichte schreit!
Gib Licht, gib Licht! auf daß ich wissen mag,
Ob man in *deinem* Namen sengender Schmach
Und frühem Tode Menschenherzen weiht!
Und wo denn nur zuletzt, wenn *du* es bist,
Der solche Dinge will, Heil und Erbarmen ist?

88.

Doch ließest du nicht aus den gier'gen Fluten
Hilfreichen Arms den Sinkenden erstehn?
Und hat man dich, den Milden und den Guten,
Bei Menschengräbern weinen nicht gesehn?
Ist denn gewiß dies Stacheln und dies Quälen,
Dies Niederhalten offner, freier Seelen,
Die, ihren eignen Weg zu Gott zu gehn,
Der Satzung Schranken mutig niederrissen,
Dein Wille nur? – gib Licht! laß mich die Wahrheit wis-
sen!

89.

Denn meine Seele blutet und ist wund
Von dieses Tages Leidenschau und Tränen;
Und meines alten Glaubens fester Grund
Weicht unter mir – woran soll ich mich lehnen?
O, wenn du jemals mit der letzten Angst,
Der allerbittersten, des Staubes rangst;
Wenn du das Sterben kennst: – hilf meinem Sehnen!
Reck' aus die Hand, mein wild und wandernd Denken
Von seinem nächt'gen Ziel huldvoll zurückzulenken!«

90.

Und ruhig stand ich auf: – am Himmel schweben
Sah ich die Sonne schon mit freud'gem Glühn!
O, könnt' es Unrecht, Kerker, Ketten geben
In einer Welt, der solch ein Leuchten schien?
Die Kirche füllt' es; seine Flammen strahlten
Das bleiche Haupt an, das aus dem gemalten
Sturm niederblickte: selbst die Gräber sprühn
Und leben ließ es! – Weh', daß solche Pracht
Der Mensch sich wecken läßt – und doch zu Schmerz
erwacht!

91.

Ich suchte meinen Herd: – und du, mein Sohn,
Der du dich tummelst auf des Waldes Kante,
Und dessen Auge tausend Qualen schon
Mit seines Lachens hellem Blitz mir bannte –
Ein Säugling noch, auf deiner Mutter Schoß,
Sahst du mich an, du Lieber, klar und groß!
O, wie dein Lächeln heiß ins Herz mir brannte!
Ein besser Erbteil schien es zu erflehen,
Als *das*: auch einst zu sehn, was schaudernd ich gese-
hen!

92.

Nun spiel', denn du bist frei! – Die Vögel jagend
Von Baum zu Baum mit ausgelassnem Schrei,
Um deines Rehes Hals die Arme schlagend,
Spiel' zu, mein jubelnd Kind! denn du bist frei!
Ja, jene Stunde schwur ich innerlich,
Ein besser Teil, als meines war, für dich
Zu suchen, Knabe! – nimmer wollt' ich scheu
Bei deiner Lust vor künft'gem Elend beben;
Furchtlos wollt ich sie schau'n und froh – wie jetzo
eben!

93.

Reich deine Welt hier! – Wald und Felsenhänge,
Die frisch Gerank und üppige Blumen zieren!
Die Sonne schwimmt durch die gesäulten Gänge
Der laub'gen Halle, wie durch Klostertüren.
Nur Gräbern scheint sie nicht – hier fällt kein Strahl
Durch farb'ge Scheiben auf Altar und Mal;
Doch du, den Quell und Waldgemurmel führen
Zur Andacht, bist beglückt: – dein einz'ger Schrein
Die Erde, grün geschmückt für ihren Gott allein!

Zweiter Teil

Du .... stehst nicht ein,
Wie diese treue liebe Seele
Von ihrem Glauben voll,
der ganz allein
Ihr seligmachend ist, sich heilig quäle,
Daß sie den liebsten Mann verloren halten soll.

Faust.

Nie werd' ich lächeln mehr; all' meine Tage
Gesenkten Auges leise werd' ich gehn,
Ein ewigklingend Lied in meiner Seele.

Wilson.

1.

Bringt mir das Brausen freud'ger Waldesbäche!
Und noch ein volleres: – frischer Bergwind, weh'!
Und du sodann, Strom, dessen grüne Fläche
Nie Schlachten färben – du auch, heller See,
Der du dich dehnst in deinem Wälderringe
Vor meinem Blockhaus – kettenlose Dinge
In eurer Einsamkeit: betäubt mein Weh'
Mit frohen Stimmen! sorgt, daß meine Seele
Mutvoll zurückschau'n kann in eine Kerkerhöhle!

2.

Indianerhäuptling, rasch von Blick und Füßen,
Der du im Dickicht oft begegnest mir,
Mit deinem Bogen und mit deinen Spießen
Das Reh verfolgend und das Elentier:
Du, der bei Nacht im Schein der roten Glut
Unter den Sternen und den Zedern ruht: –
Fremd sind, o Wandrer, die Verließe dir,
Die Menschen bauen auf der grünen Erde,
Daß Menschen ihre Pracht und Lust genommen werde!

3.

Drin liegen sie, und denken, wie so helle
Die Sonn' indes am blauen Himmel glüht;
Wie sie die ödeste, die fernste Stelle
Mit Lichte füllt; und wie der Strom hinzieht
Durchs dunkle Gras mit seinem lust'gen Glänzen
Und durch die Wasserblumen, die ihn kränzen;

Und wie der Frühwind rauscht in Baum und Ried! –
O, *das* zu denken, und indes gebunden
Ans Herz der Nacht zu sein: – ich hab' es *auch* empfun-
den.

4.

Und warum das? – Weil ich mit freiem Wagen
Die Bibel las, mit Licht zu sättigen mich!
An ihrem Ursprung dorten fand das Tagen,
Den Tag, den Mittag aller Freiheit ich.
Weh', nur zu hell fällt dieses Lichtes Brennen
Auf das, was Menschen stolz die Wahrheit nennen –
Drum sucht der Mensch dem Menschen freventlich
Den Blick zu trüben! darum sucht er dreist
Zu fesseln an den Staub, was himmlisch ist – den Geist!

5.

'S ist ein Bestreben, herb und mühevoll,
Das brennende Wort zu halten in den Schranken,
Und in der Seele dunkler Urne Groll
Und Zorn zu häufen – selber den Gedanken
Zu einem Schatze machend, der nur dann
Mit kühnem Spruch gehoben werden kann,
Wenn Nacht und Schlaf und Schatten niedersanken.
Ich trug es nicht – in dumpfen Kerkermauern
Mußt' ich gefesselt drum an einem Pfeiler kauern.

6.

Ha – ich, ein Sohn des Kriegs, der unter Speeren
Zu Hause war und auf bewegten See'n;
Ich, der ich, jubelnd auf den Kordilleren
Kastiliens Banner ließ im Winde weh'n;
Ich, der ich färben sah ihr schneeig Weiß
Des runden Regenbogens vollen Kreis:
Ich, der daheim ich von den Pyrenä'n

Bis zur Morena schritt – wie hatt' ich Kraft,
Zu retten Seel' und Leib aus dieses Grabes Haft?

7.

Weil *du* mich nicht verließest, o mein Gott!
Du warst mit denen, so die Wahrheit bargen
In Wüsteneien weiland vor dem Spott
Und vor dem Blutdurst der gewalt'gen Argen:
Du schütztest sie, wenn sie im Haus der Toten
Unsterblich Feuer unsrer Leuchte boten;
Und im Gebirge, wenn sie unterm kargen
Sternlicht dich ehrten, warst du allezeit
In ihrer Mitte, Herr – ein Stärker da, wie heut!

8.

Doch einmal sank ich! O, des Geistes Schwäche!
Warum, woher die Stürme, die ihm nahn?
Die, wie vom Boden an die Oberfläche
Versunkne Trümmer aufspült ein Orkan,
Ein schwimmend Heer von längst vergeßnen Dingen
Zurück ans Licht aus seinen Tiefen bringen!
Warum, wie Rohr, weht uns ein Lüftchen an,
Erzittern wir? – So, Vater, müssen wir,
Bis unser Auge fest ausruhen kann auf dir!

9.

Einmal starb in mir meine Seele. – Was
Ließ sie erliegen? – Ein Erinnern nur
An eine Quelle, rieselnd durch das Gras
Auf meiner Kindheit blumenreicher Flur! –
Das Wasser wohl, das von der Decke tropfte,
Und also hallend auf den Boden klopfte,
Daß weckend es durch meine Seele fuhr,
Lieh vom Gedächtnis einen Ton der Klänge,
Die ewig jener Bach singt durch die Felsenhänge.

10.

Und so von Sehnen ward ich hingerissen,
So schaffend glühte meiner Seele Brand,
Daß jener Ort in meinen Finsternissen
Urplötzlich sichtbar mir vor Augen stand.
Ja, wie ein Stern hervortritt aus der Nacht,
Brach er durchs Dunkel, hell, in laub'ger Pracht,
Mein liebster Zufluchtsort! – bis rings die Wand
Gewichen schien, und tiefe Himmelsbläue
Schwülatmend mich umgab und ernster Hügel Reihe.

11.

Ich blickt' hinaus: – des Stromes klare Flut;
Hoch auf dem Berg die maurische Ruine;
Der alte Turm, schroff in des Westens Glut
Die Zinnen reckend; drüben dann die Grüne
Glorreicher Waldung, die herniederlief
Bis an die Wasser, drauf der Abend schlief,
Daß sie sich spiegle noch mit finstrer Miene!
O, welch ein Bild! Und in dem Bilde lachte
Mir meines Kindes Blick, und ihrer, die mir's brachte!

12.

Ihr sanftes Auge schaute still hinan
Und liebevoll zum glüh'nden Himmelszelt,
Wie da zuletzt wir dort am Flusse sah'n
Des Sonnenunterganges reiche Welt: –
Ein Strom von Zärtlichkeit durchwallte mich –
Ich stürzte vor – ausstreckt' ich brünstiglich
Die Arme – Weh', verschwunden Strom und Feld!
Der teuren Züge jeglicher verwehte!
Hinschmolzen alle sie – hin mit der letzten Röte!

13.

Dann Finsternis! sie kam, und schloß mich ein,
Eng, immer enger! einzuschrumpfen schien
Um mich die Zelle, als mit seinem Schein
Ich das Gesicht in Dunkel sah entfliehn!
In eitel Nacht verschwamm es meinem Blick,
Doch solch ein Dürsten ließ es mir zurück,
Daß um den Tod ich schrie auf meinen Knien!
O Gott, wie oft wohl weinte sich der Kummer
Zu Tode, käme *der* beim Weinen, wie der Schlummer!

14.

Ich ward geweckt – und wie? – selbst nicht für euch,
Ihr schattigen Öden hier, ist die Geschichte!
Nicht mach' ihr Hören meinen Knaben bleich!
In seine Waldlust nicht bei Tann' und Fichte
Tret' ihr Gespenst! – Erst werde dunkler noch
Sein sinnend Auge! männlicher Gepoch
Heb' erst die Brust ihm, eh' ich das berichte,
Was ihn durchzucken wird, wie fressend Feuer! –
Freundlich umhüll' ihn noch der Kindheit lichter
Schleier!

15.

Genug, daß ich die Stunden überstand,
Und unentwürdigt, die uns niederbeugen,
Weil Staub wir sind. Es liegt in unsrer Hand,
Des Unterdrückers grimme Lust zu schweigen!
Der Indianer lacht und stirbt am Pfahl:
Und sollte siegend nicht aus kurzer Qual
Die Wahrheit heben ihre freud'gen Zeugen?
Die Folter auch kann überwunden werden –
Ich sah, wie Alvar starb – und rang den Schmerz zur
Erden!

16.

O Herz des Menschen, unterliege nicht!
In dunkeln Höhlen und in tiefen Zellen –
So tief, daß brausend sich das Weltmeer bricht
Hoch über ihnen mit empörten Wellen! –
Hob Dulder schon ein unauslöschlich Hoffen;
Sie harrten still – da stand ihr Kerker offen,
Und ließ erstehn sie zu des Tages Hellen!
So mich! die Kette warf ich rasselnd nieder,
Und sah die grüne Welt in sel'ger Freiheit wieder!

17.

Es war ein Augenblick, der durch mein Leben,
Wie lang es flutet, seine Furche zieht! –
Zornig Gewölk sah um den Mond ich schweben,
Doch sprang mein Herz und sang ein jauchzend Lied! –
Du Licht des Schiffers und des müden Hirten;
Des Jägers auch, des im Gebirg verirrten,
Wo ewig zitternd deine Sichel glüht
In tausend Strömen! – Weinend mußt' ich stehn –
O, welch ein Anblick ist der Himmel, so gesehn!

18.

Die Wolken! – Ha – den ganzen blauen Raum
Durchsegeln sie! – Bis in die fernste Bucht
Des Äthermeers mitsegelte mein Traum –
Dann aber hastig wandt' ich mich zur Flucht!
Wie der gejagte Wolf flieht, mußt' ich fliehn!
Fern wußt' ich eine Stätte: nie beschien
Die Sonne sie – die rauhste, wildeste Schlucht
Von allen Schluchten in der Sierra Mitten,
Die Sturmesflügel nur und Adlerflug durchschnitten!

19.

Und Sturm fand ich in ihr! Gewonnen hatt' ich
Der Wildnis Herz mit schnellem, scheuem Fuß!
Ein ächzend Wehn! Die Bäume, hoch und schattig,
Streuten ihr Herbstlaub raschelnd mir zum Gruß!
Ein Wehn – ein Windstoß – und mit Blitz und Schloßen
Losbrach das Wetter – Wald- und nachtumflossen,
Stand ich auf Klippen, flutbenetzten Schuh's! –
Auf jähen Klippen, einst Wohl Glaubensfesten,
Als Trommeln Afrikas erschütterten den Westen!

20.

Doch durch den finstern Hohlweg kamst du schwel-
lend –
Wild in den Hügeln hausest du, Orkan!
In deinem Flug die stolzen Zedern fällend,
Helmfedern gleich auf des Gefechtes Plan!
Ein Eichbaum krachte neben mir zu Boden –
Du bist ein Held im Brechen und im Roden!
Aufflog ein Falk – scheu lief ein Reh bergan!
Ein Glöcklein aber tönte fern durchs Brausen
Des Sturmes – ha, mein Geist fuhr hin mit seinem Sau-
sen!

21.

Und mit dem Wetterstrahl! – Er zuckt' und blitzte,
Und brach entzwei der Bäume krumm Geäst,
Und leuchtete, wo wild der Waldbach spritzte
Empor am Felsen bis ins Adlernest!
Ha, frei zu stehn in dieses Kampfes Dröhnen,
Den Sturm zu hören und der Fichten Stöhnen,
Dazu den Donner – war es nicht ein Fest?
Ein prächtig Fest in lauter, tobender Macht,
Nach Jahren, drin ich sah nur eine stumme Nacht?

22.

Dann aber führten eine sanft're Stunde,
Ein mild'rer Mond zurück zur Heimat mich;
Durch die Kastanien eilt' ich tief im Grunde,
Wo mancher Mittag mir am Quell verstrich.
Einst ruht ich hier – jetzt schritt ich hin wie einer.
Der nicht verweilen darf, wo Murmeln reiner
Waldbäche rauscht, und Vögel schwingen sich.
Des Rächers Stimme tönt ihm nach im Winde,
Des Feindes hast'ger Fuß im Laub der Waldesgründe.

23.

Haus meiner Kindheit! o, wenn es ein Schmerz,
Ein bittrer Schmerz ist, von der Statt zu scheiden,
Die lieben lehrte unser junges Herz;
Wenn es ein Schmerz ist, alle die zu meiden,
Die unsrer Brust fürs Leben angehören –
Ist's ein gering'rer, zagend heimzukehren,
Wenn alles schwand? – Es ist ein herbes Leiden!
Selbst Tränen stillen's nicht! sagt nicht ihr Fließen,
Daß alles anders ist, als da wir es verließen?

24.

Die Sonne nicht, die ewig prangend steht,
Die grüne Flur nicht und der Quelle Singen,
Der Duft der Blumen nicht, der kommt und geht
Durchs Lenzgefilde, wie ein wandernd Klingen: –
Sie wechseln nicht – sie sind's nicht, die uns lehren,
Wie Zeit und Kummer nagend an uns zehren!
Das trübe Aug' ist's zwischen tiefen Ringen;
Die falt'ge Stirn; der lange, starre Blick,
Der schmerzlich es gesteht: »auch du kehrst alt zu-
rück!«

25.

Vor meinem Vater stand ich – ernst und trübe.
Ein Fremdling jetzt, trotz meiner Wiederkehr!
Hier war ein Kind ich: – ach, dieselbe Liebe,
Die einst mich großzog, kannte mich nicht mehr!
Dort hing die Rüstung, die von Rost zerfress'ne;
Der alte Helmbusch dort, der unvergess'ne;
Dort das Panier, durchbohrt vom Heidenspeer.
Und ich, der müde, früh ergraute Wandrer,
Wer war und stand ich hier? Derselbe, doch ein andrer!

26.

Ein Knabe sprang herein – schwarzäugig, dreist!
Daß ich ihm fremd war, könnt' ich schelten drum?
Als man uns trennte, sah sein junger Geist
Zuerst verwundert in der Welt sich um.
Ihm folgt' ein Weib – ach, meiner jungen Tage
Geliebte Gattin! Mit entsetzter Frage
Traf ihr Blick meinen Blick – dastand ich stumm –
Wild starrte sie – bis heiße Tränen kamen.
Und meine Lippen laut aussprachen ihren Namen!

27.

»Leonore!« rief ich; – sie erkannte mich;
Ihr Herz gab Antwort! – o, mit einem Ton
Tief in die Seele drängt die Stimme sich.
Auffrischend, weckend längst Begrabnes schon!
Die Stimme zündet, wenn: die Wangen sanken,
Wenn auf die Stirn sich lagerten Gedanken,
Wenn Licht und Jugend aus dem Antlitz flohn!
– Sie flog ans Herz mir, stürmisch und mit Weinen,
Wie derer Weinen ist, die Furcht und Elend einen!

28.

Denn hier war unsres Bleibens nicht! – Mein Schloß
Mußt' ich verlassen; – ach, und dem Verfalle
Ging es entgegen; wuchernd Unkraut floß
Bald wohl hernieder schon von Turm und Walle!
Und keiner blieb, der fromm den Schutt benetzte
Mit seinen Tränen! Unsres Stammes Letzte
Ich und mein Kind! – Ich schritt hinaus zur Halle;
Mein Vater aber hob die zitternden Hände,
Daß mir und meinem Sohn er seinen Segen spende!

29.

Mit Kummer, ach! belastet halt' ich ihn
In seinem Alter! ewig, glaubt' er, färbe,
Was ihm ein Brandfleck meines Namens schien,
Mit roter Schmach mein leuchtend Ruhmeserbe!
Und dennoch Segen! – Vater, wenn zu Staube
Schon deine güt'ge Lippe ward – mein Glaube
Hofft dort ein Wiedersehn, wo alles Herbe,
Wo Groll und Gram und Schande nicht mehr sind!
Dort weißt du: nicht durch Schuld betrübte dich dein
Kind!

30.

Und du, Leonore, die du alles gern
Um mich verließest: – o, wenn hell sich spiegelt
In meiner Wildnis Bächen Stern um Stern –
Wie wird dein Denken wieder mir entsiegelt!
Sie schienen unsrer Flucht; ihr tauiger Strahl
Ließ dich in Tränen durchs Olivental
Zuletzt den Ort schaun, der uns jetzt verriegelt
Für immer war! So flohn wir – zwei Verbannte,
Hinblickend, wo das Schwert vor unserm Eden brann-
te!

31.

O Schmerz, zu sagen: »Heimat, gute Nacht!
Fahrwohl, du sonnig Land, du Land der Reben!«
– Für dich gestorben war' ich in der Schlacht
Doch nimmer fürder konnt' ich in dir leben!
Mein Spanien – ach, mit Myrtendüften schwimmen
Um deine Hügel des Gesanges Stimmen;
Orangenbäume siehst du voll sich heben –
Was galt mir alles? – zu der Bäume Füßen
Knien konnt' ich nicht, und frei mein Herz vor Gott er-
gießen!

32.

Und übers freie Weltmeer fuhr ich frisch!
– O Mannesherz, das noch im Elend schwillt,
Wenn seine Barke teilt der Flut Gezisch,
Und wenn der Wind stolz ihre Segel füllt!
Ja, männlich schwillt es, was es auch begräbt!
Der Geist erhebt sich, wie der Wind sich hebt!
Der Zukunft angetraut, fortstürmt er wild;
Mit ihm das Weltmeer: ähnlich seinem Sinnen,
Sucht einen bessern Strand es brausend zu gewinnen.

33.

Nicht so das Weib! – Selbst mit dem Lebenlosen
Verflicht ihr Herz sich, liebevoll und weich;
Ihr weiß sich alles in die Brust zu kosen,
Was sie umgibt. Der stillen Taube gleich.
Möchte sie weilen ewig an der Statt,
Wo sie geliebt, wo sie geboren hat!
Kein Blättchen bringt der Frühling, kein Gesträuch
Mit farb'gen Blüten läßt er neu sich kleiden,
Das, heimatduftend, nicht verbitterte das Scheiden.

34.

Ich sah Leonoren an – ach, und wenn mehr
Als bloßer Tiefsinn ihre Stirn verhüllte;
Wenn ihre Augen, tränenfeucht und schwer,
Ein stiller Ernst, ein trübes Lächeln füllte:
So hielt ich es für ein Gedenken nur,
Ein sehnendes, an ihre Heimatflur,
Die bald des Westens prächt'ge Waldnacht stillte!
Die, dacht' ich mir, mit ihrem stolzen Klingen
ihrem Herzen bald den Frieden wiederbringen!

35.

O, dürften länger, fester wir dich halten,
Wahn, der zu leicht nur taub uns macht und blind!
Dich, der da birgt in seines Mantels Falten,
Was wir nicht sehn und darum glücklich sind!
Doch, glüht ein Auge, Jahre schon uns nah,
Das unsre Seelen froh und finster sah,
Tönt eine Stimme, die sich traut und lind
In unsre Brust schlich, nicht zu hell der Liebe,
Als daß ihr Meinen uns je lang ein Rätsel bliebe?

36.

Nur Heimweh, meint' ich, könne so verdüstern,
So niederbeugen dies geliebte Haupt!
Ich täuschte mich nur halb: – Ein leises Flüstern,
Stets wiederkehrend, manchmal auch geglaubt,
Ließ andre Furcht in meinem Herzen keimen!
Ach, Träumern sind wir gleich, die, *daß* sie träumen,
Im Traume wissen! Wirr und lustberaubt,
Sehn seine Pracht sie, weil sie vorempfinden:
Das alles wird versprühn, das alles wird verschwin-
den!«

37.

Doch vorwärts strebt' ich mit der Winde Wehn,
Hin durch des Meeres zorn'ge Wogenschlacht!
– O, fern und einsam auf den öden See'n,
Die für des Menschen Fuß nicht sind gemacht,
Hat je ein Mensch gelitten und erduldet,
Was du, Geliebte – ach, und unverschuldet! –
Auf ihnen littest? Müd' und überwacht,
Erlag dein Geist! Dein stiller Gram ward Schrecken
Ausgab dein Hoffen mich, den Frechen, Überkecken!

38.

Du sahst mein Inn'res – nackt und unverhüllt
Stand dir vor Augen jeder seiner Züge!
Vor andern mußt' ich heucheln noch, zum Schild
Für meinen Glauben machen noch die Lüge!
Ich konnt' es, mein' ich: hoffend sah mein Sinn
Nach einem grünen Heiligtume, drin
Zu seinem Urquell frei mein Denken stiege,
Wie Morgenwehn! – Doch du durchschautest mich
Bis tief ins Herz hinein, und bebtest innerlich!

39.

Gefallen schien ich dir – doch unerschüttert
Blieb deine Liebe! Ob auch schmerzgeknickt,
Ob auch verdüstert und von Schmach verbittert,
Sie blieb, sie trieb! – Die Blume war gepflückt,
Doch stand die Wurzel frisch noch und voll Kraft,
Wie herb auch jetzt, wie ätzend auch ihr Saft!
Die Liebe war's, die noch das Elend schmückt,
Die auch der Schuld noch Kuß und Träne spendet,
Die vor dem Tode selbst sich nicht zur Seite wendet!

40.

So warst du, ja! Achtlos des eignen Heils,
Wärst du gefolgt mir – nicht bloß auf die Meere,
Nein, aufs Schafott! Und wenn beim Blitz des Beils
Der Männer Wange blaß geworden wäre –
Dich hätte man auf des Gerüstes Höh'n
Zu meiner Seite betend knie'n geseh'n,
Mit meinem Herzblut mischend deine Zähre!
So warst du ganz! so hättest du – geneigt
Dein stilles, frommes Haupt – der Liebe Macht gezeigt!

41.

Und das war deine Qual! Da noch zu lieben,
Wo dir die Liebe Züchtiger mußte sein!
Sonst – kamen Wolken, dir den Tag zu trüben –
Durchflog dein Geist sie, hoch im Sonnenschein
Sich Trost zu suchen! Ja, dein Auge sprach
Zumeist vom Himmel am *bewölkten* Tag!
Das war vorbei – denn fortan nur *allein*
Hättest du sehnend dich erheben können: –
Grad' vor dem Himmel sahst du unsern Weg sich tren-
nen!

42.

Momente gibt es, wo ein flüchtig Zeichen,
Ein halber Blick, arglos dem Aug' entflohn.
Wo ein Erröten oder ein Erbleichen,
Ein Wort – nein, wen'ger, eines Wortes *Ton*
Der Seele Schleier hebt: er weht zerrissen –
Wir schau'n hindurch, und holen uns ein Wissen,
Das töten muß! So du und ich! Obschon
Kein Hauch von dir es ahnen ließ: ich wußte,
Daß ich – als Abtrünnling! – das Herz dir brechen muß-
te!

43.

Dein süßes, trübes Abendlied – voll Seele
Hör' ich es jetzt noch durch die Meere ziehn!
Inbrünstiglich entströmen deiner Kehle,
Floß es von dannen mit dem prächt'gen Glühn
Des Sonnenuntergangs! – Heranzulocken
Die Heimat schien's und ihre Vesperglocken –
Ganz Spanien klang in seinen Melodien!
– »Ave, sanctissima!« – Wie oft mit stolzen
Schwingungen hat *das* Lied mein starres Herz ge-
schmolzen.

Ave, sanctissima
'S ist Abend auf den See'n!
Ora pro nobis!
Aufsteigt unser Fleh'n!

Schütz' uns, nun Schatten sich
Breiten auf Golf und Sund!
Neig' unsern Herzen dich –
Deins auch war wund!

Du, die das Sterben sah –
Hilf, tut sich auf das Meer!
Hilf, ist der Tod uns nah!
Mutter, o hör!

Ora pro nobis!
Die Flut wiegt unsre Ruh'!
Ora, mater, ora!
Stern der Tiefe du!

44.

»Ora pro nobis!« –. Welch ein Zauber lag
In dem Gebet nicht, wie es mit den Hellen
Des Tags vertönte! – Schien es Schlag auf Schlag
Von den Gewölben nicht heranzuschwellen,
Drin meine Väter schlummerten? – Wie scholl
Die fromme Weise süß und vorwurfsvoll!
»Ora!« – und Antwort murmelten die Wellen.
Das Rätsel meines Seins schien sie zu lösen –
Und Kett' und Folter doch war mir zu viel gewesen!

45.

O Qual! – Ein Auge voll von mildem Schmerz,
Ängstlich entschauend seinem Kummerflore,
Durchbohrt uns tiefer, stechender das Herz,
Als Schwerter selbst, wie tief ihr Strahl auch bohre!
Ich trug es stumm – seit ich umsonst mich mühte,
Der Wahrheit Licht, das in der meinen glühte,
In deine Brust zu gießen, Leonore! –
Schweigen trat ein, wo gleiches Hoffen fehlte,
Wo ein Gebet nicht mehr die Seelen fromm vermählte!

46.

Vereint nicht beten konnten wir fortan! –
Ringsum die Tiefe blitzte spiegeleben;
Die Tage sprüh'nd; prachtvoll die Nächte dann,
Klar, dunkelblau! – Also mit mut'gem Streben
Hinaus zum mächt'gen Kordilleren-Land
Mit Männern ging's, die jener goldne Strand
Meerüber lockte von der Heimat Reben. –
O, welch Gefühl, wenn auf den Wogen glüh
Die Abendsonne lag mit stolzer Alchymie!

47.

Und dann die Nacht – die tiefe, tiefe Nacht!
Die brennenden Sterne! – Dich auch sah ich wieder,
O Kreuz des Südens! Licht, in heitrer Pracht,
Flammte dein strahlend Zeichen auf mich nieder,
Wie da zuerst dich meine Jugend sah –
Nein, anders flammt' es jetzt; nicht mehr, wie da: –
Mich traf seitdem der Pfeilschuß meiner Brüder!
Auf eine Stirne, die Gedanken beugten,
Auf eine Brust voll Schmerz sah mild herab dein
Leuchten!

48.

Doch Glück und Glanz auf die kristall'ne Flut
Ergossest du! Mein Weib indes – mit matten,
Anbetenden Augen folgend deiner Glut –
Stand in des Grabes langgeworfnem Schatten!
Wie schweiften rastlos suchend ihre dunkeln,
Verklärten Blicke, bis dein tröstlich Funkeln
Im tiefen Raume sie gefunden hatten! –
O kurzes Glüh'n! o allzu flücht'ger Schimmer!
O letzter süßer Strahl – erloschen bald für immer!

49.

Noch ahnt' ich nichts – nur fühlt' ich mich gedrückt!
»Auf, lust'ger Seewind,« rief ich eifrig, »wiege
Uns an ein Land, das laub'ge Kühle schmückt,
Wo flatternd Grün an ihre Stirn sich schmiege!
Wo sie der Bach, verhangen vom Gebüsch,
In Träume singe! wo der Rasen frisch,
Sternig von Blumen, ihr zu Füßen liege!«
Doch fest gebannt hielt uns die Meeresstille;
Nie mehr betrat ihr Fuß der Erde Blumenfülle.

50.

Als ob der Himmel auf den Wellen schliefe,
So ruhig war das Meer! Und reglos lag
Auf seiner blauen, grenzenlosen Tiefe
Der Schatten unsrer Segel, Tag für Tag!
Indessen *Sie* – o Gott, kein herb'rer Schmerz,
Als der da packt ein stark und männlich Herz!
Und dennoch leb' ich! leb' und sinne nach,
Wie leise, leise, mählich sie verging!
Lieben, was sterben muß – es ist ein furchtbar Ding!

51.

Ein furchtbar Ding, daß Tod und Liebe wohnen
Auf einer Welt! – Sie schwand dahin – und ich –
Ach, ich war blind! »Der Tod wird ihrer schonen« –
So täuscht' ich hoffend Stund' auf Stunde mich!
Bis ganz zuletzt! – Doch erst noch überkam
Ein Wechsel sie, eigen und wundersam:
Ein Ton, der jenem heitrer Freude glich,
Hob ihre Rede; dreist in neue Bahnen
Schwang ihr Gedanke sich! – Weh, dennoch nichts zu
ahnen!

52.

Dazu entsandte freien, wilden Strahl
Ihr flammend Aug', als trotzt' es dem Geschicke!
Dem Kinde glich sie, das zum ersten Mal
Der Erde Pracht sieht mit erstauntem Blicke!
Doch blieb ich blind – blind selbst bei solcher Schau!
Sonst lag im Auge der geliebten Frau
Ein lieblich Sinnen, auch im höchsten Glücke!
In sich gekehrt vordem, zu allen Zeiten
Durch eine Traumwelt schien die Lächelnde zu schrei-
ten!

53.

Und *solchem* Feuer mocht' ich trau'n! – sie schied,
All seine Glut auf ihren frommen Zügen!
– Der Abend hatte seinen Glanz versprüht:
Sie aber war von ihrer Sehnsucht Flügen
Nach Spaniens Bergen stets noch nicht gekehrt.
Den ganzen Tag von Heimat und von Herd,
Vom Waldgebirg, drin still die Täler liegen,
Erzählte sie; von Myrten auch und Reben –
Wie zeigt dem Tode sich so schimmernd oft das Leben!

54.

Und alte Lieder sang sie wild zur Zither,
Stückweis, wie jedes durch den Geist ihr schoß;
Das Lied vom Rächer, das vom Mohrenritter,
Das »Rio Verde.«« – Weich und klagend floß
Hinaus aufs Weltmeer ihrer Töne Flut. –
Nun sah sie an der Sonne letzte Glut –
O Gott, und jetzt zum letzten Mal ergoß
Ihr Herz im » *Ora, mater*!« sich. – Wie trübe,
Wie traurig klang das Lied – ein Lebewohl der Liebe!

55.

Zu ihren Füßen schlummernd lag ihr Kind –
»Den hätt' ich wieder still in Schlaf gesungen!«
Durch seine Locken strich der Abendwind –
Ich hob ihn auf, ich hielt ihr hin den Jungen.
Wie ruhig war sie jetzt! Des Knaben Wange
Mit bleichen Lippen küßte heiß und lange
Das fromme Weib – fest hielt sie ihn umschlungen!
An meine Brust dann, die zu springen drohte,
Sank ihre Stirn – im Arm lag blaß mir eine Tote!

56.

Ich rief! – Zu rufen, was nicht Antwort gibt:
Mit tausend Tränen ungehört zu stehen
Und ungesehn bei dem, was wir geliebt,
Und reglos es bei unserm Schmerz zu sehen;
In des erloschnen Auges dunkler Höhle
Umsonst zu suchen die gefloh'ne Seele: –
Dies wartet unser! – Tot! – All unser Flehen
Bannt nicht *den* Laut! Ihn, ach, von dem wir wissen,
Daß wir das Liebste auch mit ihm benennen müssen!

57.

Und nun die Trennung! Ach, der letzte Blick
Auf diese fromme, rührende Geberde!
Das letzte Knieen bei dem süßen Glück,
Das einzig mein ward, daß geknickt es werde!
O, ernst und feierlich war ihre Ruh' –
Nein, nicht zu schauen wie der Schlaf bist du,
Tod, Tod! – Sie lag, bereit, daß sie die Erde
Mit Kränzen decke! – Weh, die nackte Flut,
Die keine Bahre schmückt, stöhnt Klagen, wo sie ruht!

58.

Ein Totenglöcklein mitten auf der See,
Durch ihre Öde meinen Kummer läutend!
Es klang so lieb – o Gott, und doch so weh! –
Dunkle Gewässer, wüstenhaft sich breitend;
Des Südens Kreuz, dem Westen zugeneigt,
Vom Morgenstrahl beinahe schon gebleicht;
Rötliche Wolken fern im Osten gleitend –
Umgab mich das? – Aus meiner Seele Grunde
Auftaucht es mindestens, gedenk' ich jener Stunde!

59.

Und nun die Sonne, breit und klar! – das Spritzen
Der grauen Salzflut unterm Leichenbrette!
Es schoß hinab – jählings mit raschen Blitzen
Auftat und schloß sie sich! – Ach, und dein Bette
Ist ein Geheimnis nun der finstern Meere,
Du Leuchtendste vordem! und keine Zähre
Findet den Weg zu deiner Ruhestätte!
Kein Mal bewahrt die See! Nicht zeigt sie an,
Wo, wer einst trauerte, von neuem trauern kann!

60.

So schwandest du! O, der Verlorenheit,
Der Herzensöde dieser grausen Stunde!
Dich Staub zu wissen – der Unendlichkeit
Anheimgefallen – auf des Meeres Grunde
Rastend für immer – spurlos wie ein Laub
Hinabgerissen, wüster Klüfte Raub: –
Dich das zu wissen, die an meinem Munde,
An meiner Brust hing, wie ein süßer Mai –
Ich trug's, doch himmelan stieg meiner Seele Schrei!

61.

Wo die Wracke liegen, wo das Blei nicht gründet,
Erstehn die Toten dort auch? – Selig sie.
Denen ein Hügel hoffnungsgrün verkündet:
»Hier einst erhebt der Staub sich!« – Spät und früh
Kann ihre Hand des Grabes Blumen pflegen,
Können sie Kränze auf den Rasen legen.
Und in sein Moos hinsinken auf die Knie!
Doch – welche Gruft nur dunkelt um *dich* her?
O Träume! – bist du nicht, wo nicht mehr ist das Meer?

62.

Auftat der Wind sich; unserm Ziel entgegen
Trieb uns sein Odem frisch und mit Gesang!
Ach, allezeit hier hätt' ich träumen mögen,
Den Fleck anstarrend, der mein Glück verschlang!
Da schnob der Seewind – meine Dumpfheit wich –
Weiß unterm Bugspriet brach die Welle sich –
Und du, umflutet von des Weltmeers Drang,
Bliebst einsam nun zurück! dein stilles Grämen,
Dein Bild nur folgten mir – wo ließ ich die mir neh-
men?

63.

Ich will nicht jammern! stumm jetzt ist mein Weh,
Stumm jetzt die Qual, die mir im Herzen brannte,
Als durch den Schaum der aufgewühlten See
Ein wild Fahrwohl ich deinem Grabe sandte! –
Der über uns in seines Lichtes Schein
Gelassen dasitzt, wird dem Staub verzeih'n,
Der allzu liebend sich zum Staube wandte!
Er weiß es ja, daß Liebe Schmerz gebiert –
Schmerz, der zu ihm zurück die müde Seele führt!

64.

Und kann ich's leichter, freier jetzt ertragen,
Zu denken dein in deiner öden Ruh';
Gewöhnt mein Herz sich, stetiger zu schlagen,
Und heilen langsam seine Wunden zu;
Sind deine Augen, seh' ich sie im Schlummer,
Nicht voll von Vorwurf, nur von stillem Kummer –
So ist's, weil er, der meines Herzens Truh'
Aufschließt und zuschließt, hell in meine Nacht
Den Lichtstrahl goß: der Herr hat alles wohl gemacht!

65.

Ja, du wirst nun – O, warum kalt und bleich
Jetzt und allzeit muß ich dich vor mir sehn?
Dein triefend Haar durchwuchert Seegesträuch –
Der Sand dein Kissen – o, du warst so schön!
Das aber ist der Erde ew'ge Macht
Über den Leib, der irdisch ist gemacht! –
Doch jetzt in reinern Lüften wirst du gehn,
Von allem Irrtum frei, von allem Trug,
Der sengend einst, ein Blitz, in deine Tage schlug!

66.

Und wenn dein Lieben immer noch dasselbe
Dort ist, wie einst, auf niedrer Erdenflur –
O, wüßten wir's! O, zückte durchs Gewölbe
Des eh'rnen Himmels eine Stimme nur
Zu uns herab, ansagend unserm Sehnen,
Daß wir noch sind, was wir einst waren, denen,
Die tot wir nennen! daß ihr letzter Schwur
Mehr als ein Atmen war! – Ein bess'rer Glaube
Sei mein: – Dein Lieben ist, gereinigt nur vom Staube!

67.

Ganz rein, ganz himmlisch! frei von allem jetzt,
Was mich und dich wie eine Wolke schied!
Der Furcht enthoben, die noch bis zuletzt
Es hin und her warf, wie ein schwächlich Ried!
So hoff' ich! oft zwar, wenn der Forst sich biegt,
Wenn er die Nacht auf krachenden Ästen wiegt,
Wenn es wie Wehlaut in den Lüften zieht,
Steht meine Seele bangem Zweifel offen –
Doch bald ermann' ich mich, und gleich bleibt sich
mein Hoffen!

68.

Seit jenen Tagen rastlos irrt mein Fuß!
Wie wilde Vögel großziehn ihre Jungen,
So meinen Knaben ätzt' ich in Perus
Pfadlosen, stillen Waldesdämmerungen!
Wo übern Abgrund Hängebrücken wehn,
Tief in den Anden hat man uns gesehn –
Da ist auch dort der Heimat Horn erklungen,
Und neue Wälder, dichter noch belaubt,
Sucht' ich, zu bergen drin mein müd, gezeichnet Haupt!

69.

O, wie mein Sohn die Wildnis froh durchstrich!
Zwar – manchmal auch, wie träumend, konnt' er sitzen!
Dann fragt' er still nach seiner Mutter mich,
Still und betrübt! – doch das war nur ein Blitzen,
Das auf Momente seinen Geist durchschoß!
Bald wiederum, ein jauchzender Genoß,
Grüßt' er die Llanos und das zorn'ge Spritzen
Des Orinokostroms, des wildempörten,
An dem die Felsen wir im Frühlicht klingen hörten.

70.

O, welch ein Ton! wie einer Harfe fast!
Lieblich und süß, und doch gespenstig schrillend!
Aus andern Sphären schien er mir ein Gast,
Des Menschen Herz mit Furcht und Freude füllend!
Ich hört' ihn gern! – allein die tiefen Schatten,
Die reglos wuchten auf des Südens Matten,
Erdrückten mich! – der Brust Verlangen stillend,
Die nach Gesaus von Eichen und von Buchen
Sich sehnte, wandt' ich mich, der Rothaut Land zu su-
chen!

71.

Und eine sichre Zufluchtslaube jetzt
In diesem Urwald haben wir gefunden,
Der meine Stirn mit heilendem Tau benetzt,
Und dessen Hauch gekühlt hat meine Wunden;
Der tempelgleich mit Zeder und mit Föhre
Sich um mich wölbt, daß mich kein Welttraum störe;
In dessen grünen, dämmernden Rotunden
Ihr Bild nur naht, die wir beseligt wähnen,
Dort, wo der Liebe Kelch sich nicht mehr füllt mit Trä-
nen!

72.

Da kommt ein Stern – der erste! – sein Gefolg
Erinnerungen, ewig süß und teuer!
Die Waldzypresse, spitzig wie ein Dolch,
Erhebt sich dunkel in des Himmels Feuer;
Die Fichte duftet, und mit rotem Glühn
Flammt auf der See, ein einziger Rubin;
Der Wind erwacht – bis ihm die ries'ge Leier
Des Waldes Antwort gibt; mit allen Zweigen
Tönt sie – denn jeder hat ein Säuseln, das ihm eigen!

73.

Und noch ein Murmeln zittert durch die Luft –
Nicht das des Baches und der Felsenquelle!
Der Katarakt ist's, der Gebüsch und Kluft
Mit hohlem Ton füllt, stöhnend wie die Welle,
Die an dem öden Küstensaum zerschellt
Des blauen Meeres, das die Toten hält!
Doch *sie* sind fern! – hier leiht die letzte Helle
Des Tags ihr Flackern jedem schlanken Stamme,
Bis dunkelrot er strahlt, ein Wunder, eine Flamme!

74.

Prächtig, doch düster! – dieses ist die Stunde,
Da weht durch Spanien frommes Abendläuten;
Über den Strom und im Olivengrunde
Klingt es, den Dörfern Freude zu bereiten.
Dem Maultiertreiber hallt es nach durchs Tal –
Doch ich bin hier, und lebe noch einmal
Jeglich Fahrwohl durch aus vergangnen Zeiten!
Hier leb' ich's durch, wo keins noch ward gesprochen,
Und bringe Gott ein Herz, trüb – aber ungebrochen!

75.

Nun läßt der Siedler Perl' auf Perle fallen,
Der Landmann kniet in seiner Rebenlaube,
Laut singt der Schiffer – Friede sei mit allen,
Die jetzo flehn, was immer auch ihr Glaube!
Komm, Sohn! – daheim, soweit die salz'ge Flut
Mein Spanien gürtet, hebt des Abends Glut
Allwärts die Seelen hoch empor vom Staube!
– Laß *uns* auch beten! uns auch *den* verehren,
Den wir zur Abendzeit den Wald durchwandeln hören!

76.

Dann nur? – o nein, zu jeder Tageszeit! –
Aus finstern Träumen jählings oft erwacht,
Schau' ich hinaus – dann preßt die Einsamkeit
Mein zitternd Herz – du aber atmest sacht!
Die Sterne glühn, fern blitzt der Berge Schnee,
Die Forste schlummern, und der tiefe See
Strahlt hell zurück der Feuerfliege Pracht.
Einsame Welt! – *zu* öd' fast meinem Gram,
Fühlt' ich mir *den* nicht nah, den ich hier suchen kam!

1

---

¹ Anmerkungen mußten leider gelöscht werden, da Referenzen im Text größtenteils fehlen. Re.

Felicia Hemans

Vermischte Gedichte

Des Cids Leichenzug

Vor den Türmen Valencias tobte der Mohr,
Seine Lanzen umsausten der Feste Tor,
Die Zelte der Wüste schlossen sie ein,
Und Kamele zertraten Hispanias Wein,
Denn der Cid ging ein zur Ruh'.

Da war Volk von der Flur, die der Giftwind fegt;
Da war Stahl aus der Schlucht, wo der Leu sich regt;
Da war Bogen und Pfeil vom Oasenborn! –
Seine Scharen dröhnte der Wüste Horn
Des Abends Schlachten zu.

Um die Mitternacht über das dunkle Meer
Herweh'te Geläute, dumpf und schwer;
Die Sterne schienen auf Flut und Stadt,
Und das Lager ruhte, vom Streite matt;
Doch die Christen schlummerten nicht.

Sie setzten den Cid auf sein klirrend Pferd,
Wie zum Kampf ein Krieger war er bewehrt,
Und sie banden sein Schwert in die kalte Hand,
Die so kühn es schwang für sein Vaterland,
Und sein Erzschild funkelte licht.

Da ward Waffnen gehört von Haus zu Haus,
Auf den Wällen standen die Wachen aus,
Und eh' noch erbleichend die Sterne flohn,
Da ragte gepanzert der Tote schon,
Und von dannen schritten sie frei.

Sie durchzogen schweigend der Feste Bann,
Und es war ein Schritt, wie von einem Mann;
Und sie schritten leise, das Schwert in der Hand,
Wie der Löwe schreitet auf brennendem Sand,
Und sie gaben kein Feldgeschrei.

Als des ersten Stimme dem Torwart rief,
Da war Mondenschein, und das Lager schlief.
Als hinter dem letzten das Tor sich schloß,
Da flammte der Morgen auf Mann und Roß,
Und die Sonne bestrahlte das Meer.

Fünfhundert Reisige klirrten voran;
Dann Bermudez der Held mit des Feldherrn Fahn';
Ihre Seide rauschte voll Kampfbegier: –
Deine letzte Walstatt, du grün Panier,
Du Standarte, glorreich und hehr!

Und jetzo kam stattlich der Campeador,
Wie ein Führer ritt er den Seinen vor,
Seine starren Züge barg das Visier,
Aber stolz und mutig trat auf sein Tier,
Denn es wußte, wen es trug.

Es trug den Cid, und es trug sein Schwert,
Und Ximena folgt' ihm, bleich und verstört;
Ihr Auge war ernst und ihr Wandeln schwer,
Um den toten Gemahl trug sie Leide sehr,
Doch kein Laut verriet es dem Zug.

In Valencia war es einsam indes;
Die Kirchen geleert, und aus die Mess'!
Die Straßen öd' und verlassen gar!
Und kein Fußfall scholl durch den Alcazar;
– So von dannen schritten sie frei.

Sie durchzogen schweigend der Wälle Bann,
Und es war ein Schritt, wie von einem Mann;
Und sie schritten leise, das Schwert in der Hand,

Wie der Löwe schreitet auf brennendem Sand,
Und sie gaben kein Feldgeschrei.

Doch nicht lange, da dröhnten die Hügelreih'n;
In die Heiden brachen die Christen ein;
Mit der Speere Blitz und der Panzer Schall,
Mit der Rosse Gestampf und der Reiter Prall,
Alvar Fannez war es, der kam!

Wie ein dräuend Gewölk, ohne Trauertalar –
So vorausgeflogen war er der Schar;
Und der Sturmwind fuhr durch die Zelte hin,
Und gefällt lag die Schützenkönigin,[2] Und wer Bogen
und Pfeil für sie nahm.

Da ergriff ein Schrecken den König Bukar,
Und den Troß von Fürsten, der mit ihm war;
Mutlos ihr Herz, und ihr Arm erschlafft:
Keinen Wurfspieß zu schwingen hatten sie Kraft,
So entsetzlich war, was sie sah'n.

Denn es schien, wo Minaya zum Sturm gab das Wort,
Als umringten ihn Tausend und Tausende dort,

---

[2] Die Schützenkönigin – eine maurische Amazone, die dem König Bukar mit
einem Fähnlein weiblicher Krieger aus Afrika gefolgt war. Ihre Pfeile trafen so
sicher, daß sie den Namen »Stern der Schützen« erhielt.
Una Mora muy gallarda,
Gran maestra en el tirar
Con saetas del Aljava
De los arcos de Turquia;
Estrella era nombrada,
Por la destreza que avia
En el herir de la Xára.
Bei Herder:
eine schwarze Mohrin,
die aus türk'schem Bogen
Gift'ge Pfeile tödlich schoß,
Also meisterhaft, daß man sie
Einen Stern des Himmels nannte.

Alle weiß wie der Schnee auf Nevadas Haupt,
Und sie kamen donnernd herangeschnaubt,
– Weiße Wellen über den Plan.

Und ein Krieger mit wallendem Federstrauß
Und mit feurigem Schwerte ritt allen voraus;
Mit feurigem Schwerte, mit bleichem Panier,
Und ein blutrot Kreuz seines Panzers Zier –
So zum Angriff trug ihn sein Pferd.

Da war Furcht, wo erscholl seines Rosses Schritt,
Da war Tod, wo der ragende Krieger ritt;
Wo mit Geisterlicht seine Fahne schien,
Wo sein Glutschwert glomm, da war eitel Flieh'n –
Denn es war keines Menschen Schwert.

Blutig die Eb'ne, so weit man sah!
Auf der Flucht die Gewalt'gen von Afrika!
'S war ein heißer Tag für die Christen heut'!
– Sie waren matt um die Abendzeit.
Gleichwie Volk, das Ähren schnitt.

Auf der Flucht die Gewalt'gen von Afrika!
Ihre Segel rauschten – die See war nah!
Übers Meer hin tönte der Heiden Schmach; –
So geschah's, daß der Bogen der Wüste zerbrach!
In sein Grab so legte sich Cid!

Des Cids Auferstehung

'S war die zweite Wacht der stillen Nacht,
Und entschlummert lag Leon,
Als, wie langsam wandelnde Heeresmacht,
Sich erhub ein dumpfer Ton.
'S war die ernste, grause Frist,
Wenn der Mensch den Tag vergißt,
Und der Traum besteigt seinen Thron.

Durch die dunkeln Straßen mit Geklirr
Hinzog derselbe Schall:
Panzer und Sporn und Roßgeschirr
Und beschlagner Hufe Fall.
Ruf nicht und Trompetenstoß,
Eisernes Getöse bloß
Weckte den Widerhall.

Durch die dunkeln Straßen rollt' es hin –
Und ihr zitternd Pflaster sprang,
Und die Türme samt den Glocken drin
Schwankten und gaben Klang!
Also dröhnt' es durch die Luft,
Bis vor eine Königsgruft,
Wo ein Mönch Nachtmesse sang.

Da nun pocht' es an am erzenen Tor,
Und ein Rufen scholl daher,
»Daß der Cid Ruy Diaz Campeador
Harre mit Schwert und Speer;
Und daß mit ihm, felsentreu,
Von den Toten erstanden sei
Graf Gonzalez und sein Heer.

»Und der König hier im dunkeln Haus
Solle denken an seinen Schwur;
Solle reiten, wie sie, zum Kampf hinaus.
Und nicht ewig schlummern nur!«– Dann aufs neue
rasselnd zieh'n,
Und die Mauren, als der Mittag schien,
Waren Staub auf Tolosas Flur.

Die Indische Stadt

(Forbes': Oriental Memoirs.)

1.

Fürstlich in Pracht entsank der Tag,
Wo die Indische Stadt in der Ebne lag;
Ihre Krone von Kuppeln, rund gebaucht,
Glomm, wie in flüssiges Gold getaucht;
Ihre säuselnden Haine, schattig und dicht,
Wie ein Strom durchfloß sie der Sonne Licht,
Bis der Baniane Säulengezelt
Wie ein Münster glühte, von Fackeln erhellt,
Und die Platane mit funkelndem Grün
Ein Baum aus den Gärten der Genien schien;
Bis, ein flackernder Turm, die Zypresse sich hob,
Und bis Funken der Schaft der Palme stob.
Manche Pagode, weiß und hell.
Warf ihr zitterndes Bild auf Strom und Quell,
Von der Lotosblume gebrochen allein,
Wenn im Kelche sie fing, wie rosigen Wein,
Und es aus dann auf ihr Kristallbett goß –
Das letzte Glühn, das der Sonn' entfloß.
O, manch lieblich Hindu-Kind,
Wie das Reh der Wüste leicht und geschwind –
Mit dem Kruge schritt sie durchs Gesträuch,
Flog die Marmorstufen hinab zum Teich:
Auf die Stauden rings und das frische Gras
Spritzte der Welle geschmolzenes Glas,
Und ein Murmeln verriet, wo auf den Knien
Still im Gebete lag der Bramin.

Durch des Ortes Wonnen am schwanken Stab
Atemlos-froh schritt ein Moslem-Knab'.
Er sah schimmern die Stadt am Horizont,
Wie ein Wolkenlager, purpurn besonnt;
Er fuhr auf, wenn ein Vogel des Waldes Nacht
Blitzend durchschoß mit des Fittigs Pracht;

Er ging jauchzend den spiegelnden See entlang,
Wo der Wind im gefiederten Rohre sang;
Bis sein Weg ihn führte durch Busch und Baum
Mitten ins Herz dem geweihten Raum.

Da nun lag das Wasser, still wie ein Kind,
Durch die Felsen geschützt vor Sonn' und vor Wind!
Alle Farben, die über ihm trug der Hain,
Wies es den Ufern im Widerschein.
Jenseits der Fluten flammender Schwall
Brannte heiß, wie ein Spiegel von Metall;
Doch die Bucht hier voll Frische und Dämmerung
Schien gemacht für des Schwimmers freudigen Sprung,
Schien gemacht für den Hirsch, wenn das Horn er-
schallt,
Und für alles, was frei ist im freien Wald.

Wie des Falken Umschau in blauer Höh',
So des Knaben Blick über Forst und See;
Wie die Möwe taucht in ihr schäumend Bad,
Also der Sprung, den er jubelnd tat;
Hierhin und dorthin auf Blatt und Gras
Spritzt' er behaglich das stäubende Naß,
Ließ die Wellen benetzen sein glänzend Haar –
Wenig, ach, träumt' er von Tod und Gefahr!

Seine Mutter indes vor ihrem Zelt
Sah mit, stillem Lächeln die stille Welt.
Sie, auf der Fahrt nach Mekkas Schrein,
Hatte Rast geboten in Bramas Hain:
Eine Moslem-Fürstin, mächtig und stolz,
Wollte sie ruhn im säuselnden Holz;
Denn des Waldes Pracht, und die Flut im Falle,
Und der Sonne Spätglühn – sie liebt' es alle!

2.

In der Indischen Nacht tiefdunkelm Blau
Aufging der Mond, eine hehre Schau.
Langsam vom See kam der Knabe zurück –
O, was war ihm begegnet? Der Schlange Blick,
Die mit giftigem Zischen das Rohr durchschleicht?
Hatt' ihn der Pfeilsprung des Tigers erreicht?
Nein! – doch wie einer, der mannhaft stritt,
Mit zerrauftem Haar, mit wankendem Schritt,
Finster sein grollendes Aug' und trüb,
Auf der weihen Brust einen klaffenden Hieb,
Wund zum Tode – so kehrt' er wieder,
So vor der Mutter bleich sank er nieder.

»Rede! was ist's, daß dein Herzblut rinnt?
Rede! was ist dir geschehn, mein Kind?«
Auf der Stirne perlt' ihm der Todesschweiß,
Doch noch könnt' er stammeln – noch haucht' er leis
Eine wilde Kampfmär: also gerächt
Habe sich Bramas finster Geschlecht!
Blutiger Tod sei des Moslems Los,
Der entweihend nahe des Waldes Schoß,
Der mit frecher Besudlung sein Lechzen stille
In der heiligen Flut – so sei Bramas Wille!

Wirr ward sein Auge, starr sein Gesicht –
Doch die Mutter schrie nicht, zitterte nicht!
Atemlos kniete sie hin ins Blut,
Wollte küssend stillen die rote Flut –
Doch die rieselte zu; fortriß sie den Geist,
Wie ein Strom, der dahin eine Blume reißt!
Dunkel färbte sie rings den Kies –
Ach, und was nie noch sich halten ließ,
Was empor sich schwingt, indes noch warm
Seine Hüll' uns ruht im pressenden Arm –
Es entwich auch hier! Noch ein Schläfenpochen,
Und das Antlitz war seellos, der Blick gebrochen!

Gibt es Worte nicht für dies eine Leid?
– Die es schmeckten in seiner Herbigkeit,
Frage die Tausende! – Nacht für Nacht
Hatte des Knaben Schlaf sie bewacht;
Atmend, wie gurrende Tauben schier.
War er entschlummert am Herzen ihr;
Drückte sie Gram – gleich dann, die Lust
Schmerzlich dämpfend der eignen Brust,
Hatt' er besorgt ihre Knie umfangen.
Und die Trän' ihr geküßt von den Witwenwangen;
Hatt' er gelacht ihr, wie Lenzestagen –
Jetzt lag er vor ihr: tot – *erschlagen!*
– Ach, zu lieben nur in einer Welt,
Drauf ein Jammer, wie der, seine Pfeile schnellt!
Stumm ihren Toten sah sie liegen,
Stumm und gefaßt, mit eisernen Zügen!
Kaum nahm sie wahr ihrer Diener Näh' –
Ihre Seele saß gemummt in ihr Weh'.
Auf die schweigende Lippe keinen Kuß
Sah man sie pressen; – kein Tränenguß
Dann auf sein Haupt, das im Tod noch schöne
Zu gewaltig ihr Leid für Kuß und für Träne!
In das halbgeschlossene Auge nur
Sah sie; – von Antwort keine Spur!
Da verhüllte sie jach so Stirn wie Brau,
Stürzte schreiend hin, die gebrochne Frau!

Aber ein Wechsel, mächtig und tief,
Weckt' ihren Geist, als er brütend schlief!
Wie erhob sie sich? – Mit gerecktem Leib,
Wie aus finstrer Ruh' ein Prophetenweib,
Fuhr sie empor, stolz, fest und klar.
Warf aus dem bleichen Gesicht das Haar,
Trat mit der Kühnheit plötzlichem Blick
In der wundernden Sklavinnen Kreis zurück.
Ja, zum nächtigen Firmament mit Grollen
Eine Stirn erhebend, zorngeschwollen.
Drückte sie fest und mit krampf'ger Hand
An die schwellende Brust ihr blutig Gewand,

Rief: »Keine Ruh', kein Schlaf soll mich letzen,
Keiner Zähre Naß soll mein Auge netzen,
Bis die Stadt hier, durch der meinen Stahl,
Liegt, ihres Opfers Totenmal!
– Deckt die Leiche zu! tragt sie hoch voraus!
Bald sieht mich wieder dies Tempelhaus!«

Und sie zog mit der Bahre heimatwärts,
Ihres Schrittes Kraft war ein brennend Herz;
Von der Sterne Leuchten mild beschienen,
Sah dem Toten nach der Hain der Braminen.

3.

Horch, ein wild Getön! 'S ist der Wüste Horn.
Um die Indische Stadt mit der Rache Zorn
Rast es und gellt! Nun, Banner, flieg'!
Krieg nun in Indien! Moslemkrieg!
Der Bramine späht durch der Scharten Ritz: –
Seine Lauben durchzieht der feindliche Schütz: –
Durch den Pisangschatten rings, den dunkeln,
Glitzert des Sees und der Speere Funkeln;
Zitternd, gleichwie vom Sturm bewegt,
Biegt sich das Rohr, wenn der Hengst es durchfegt',
Und das Lager liegt, wie ein wogend Meer,
Rund um den schirmenden Waldbaum her.

Ragt ein prächtig Gezelt seitwärts im Feld –
Ein verwundet Herz pocht in diesem Zelt!
– O, ein Herz, das wund, ist tief ohne Grund!
Der sein Recht begehrt, laut schreit der Mund!
Und wie zorniger Glutwind flammend töten
Kann der Zorn der Liebe, die man zertreten!

So von Reich zu Reich war ihr Wort gedrungen,
War wie Trompetensturm erklungen:
Was sie auch sprach – sie war gewiß,
Daß es ein Schwert aus der Scheide riß!

Ha, wie der Tatar zu Roß gleich saß!
Nach dem Speer griff der Häuptling Arabias!
Bis den Wall umfing eine Lanzenkette,
Bis es hieß: »In den Staub die Stadt der Städte!«
– So ihr flackernd Feuer schürte die Bleiche,
Kam dann zurück mit des Sohnes Leiche;
Eine fürstliche Feindin kam sie gezogen,
Kam mit Heeresmacht, kam mit Banner und Bogen;
Aber größ're Nacht saß auf ihrer Stirn –
Da sah der Krieger glühn sein Gestirn!
Ihres Auges Blitz durch die Zeltereih'n
Ward vom Heer begrüßt als ein deutender Schein,
Und der schwächste Ton, ihrer Lipp' entflohn.
War Sibyllenhauch, war Orakel schon.

Bitterer Ruhm! – vom Gram geschenkt.
Der in Rache Lind'rung zu finden denkt!
Flüchtig und falsch! – das Herz nicht füllen
Kann er, noch auch die Sehnsucht stillen,
Die, ein tödlich Fieber, mit zehrendem Brand
In die Brust uns gießt ein zerrissen Band!

Von der Glorie, die sie licht umgab,
Wandte sie widernd und krank sich ab.
Schon ließ die Stärke der Mauern nach –
Sie welkte schneller, von Tag zu Tag.
Ob das Horn erscholl, ob die Banner wallten –
Ach, konnte *das* ihre Seele halten?
Wie ein Aar, den ein Käfig eng umgattert,
Hatte den Staub sie wund geflattert.
Bis das Gitter zerbrach, das sie morsch umfing,
Bis durch Nachtgrau'n heim die Gefangne ging.

Gelb war der Himmel und rosenfarb.
Wie den Abend, an dem ihr Knabe starb.
Sie sah hin vom Pfühl – ach, ihr Herz war müd,
Aber Frieden bracht' ihm die Sonne, die schied.
Sie sprach: – ihrer Rede Sterbeton
Schien ein Echo von Stunden, die längst geflohn.

Eine Schlummerweise mit stillem Harm
Sang sie hinaus in des Lagers Alarm!
Oft vor Zeiten zu *dem* Gesange
Schmiegte sich an sie des Toten Wange!
Dachte sie dran? – Mit einem Mal
Zuckt' es durch ihren Geist, wie ein Strahl;
Sie fuhr auf, wie aus Träumen jäh erwacht: –
»Daß ihr *sein* Grab neben dem *meinen* macht!
Wenn die Tempel fielen, tief im Schatten
Sollt' ihr am See uns prächtig bestatten!«

Und sie fielen! – *Sie* doch erlebt' es nicht!
Tot schon fand sie der wilde Bericht!
O, wohl rächten ihre Geschwader gut
Das gebrochene Herz, das vergossene Blut!
Durch die Tore der Stadt mit rasselndem Köcher
Sprengte der Tatar, der blut'ge Rächer;
Frei flog die Glut um die Marmorquadern,
Und die Ströme flammten, wie Kriegeradern;
Durch die breiten Gassen sprang das Schwert,
Wie der Panther auf seinen Raub losfährt –
Bis ein Trümmergurt um den Wald sich erhub.
Wo den Sohn und die Mutter man begrub.

In der Ebene lagen Säul' und Turm,
Bäumen gleich, die gefällt der Sturm;
Buschwerk rankt' am Portal sich fest,
Des Rajah Thron war der Schlange Nest,
Übern Altar hin sprang das Jungle-Gras –
Und das alles durch einer Mutter Haß!

Die Indianerin (*Long*: Expedition to the source of St Peters River)

Auf einem Strom fern in des Westens Wäldern,
Durch seiner Ufer grüne Schatten dringend,
Hinschoß ein Boot: entsetzlich war die Hast
Der schwachen Barke, die, gleichwie ein Blatt

Vom Hauch des Sturms, hinabgetragen ward,
Bis wo durch Schaum der Katarakt erbrauste.
Doch, in ihr, stolz und furchtlos, ganz allein –
Nur daß ein Kind an ihrem Busen schlief –
Hoch stand ein Weib: auf ihrer braunen Stirn
Saß eigne Lust, und im Triumphe schier
Entwallt' ihr schwarzes Haar. Sie drückt' ihr Kind
In seinem Schlummer an ihr klopfend Herz,
Und dann erhob sie ihre süße Stimme,
Die laut und wild aus dem Getös' der Fluten
Empor sich schwang: – es war ihr Todeslied!

O roll' hinab zum Geisterland, du Strom so hehr und
groß!
Der Ströme Vater du, roll' hin! birg uns in deinem
Schoß!
Der Vogel, den der Sturm gelähmt, sucht Ruh' im Son-
nenschein,
Und die Hindin, die der Pfeil verletzt, entflieht zum
Balsamhain.

Roll' hin! – denn meines Kriegers Lust ist jetzt ihr An-
gesicht;
Aus seiner Seele schwand mein Bild – so schwindet
Mondenlicht!
Nicht mehr beschleicht mein Schatten ihn, mein Flüs-
tern ihn im Traum;
Er brach das Schilf – so rolle doch! hoch spritzen laß
den Schaum!

Die Stimme einer andern Zeit ist ihm ein fremder Gast,
Doch mir ertönt sie wie Musik, und läßt mir keine Rast;
Sie singt ein leis und traurig Lied von Freuden, die
vorbei;
Ich kann nicht leben ohne Licht – roll' hin, und mach'
mich frei!
Vermißt er nicht den frohen Tritt, der ihm entgegen
sprang?
Die Liebe, die wie Sonnenschein in unsre Hütte drang?

Die Tisch und Lager ihm gedeckt, vermißt er nicht die
Hand? –
Er mißt sie nicht! – du schwarzer Strom, roll' in ein bes-
ser Land!

Ein sel'ger Brunnen sprudelt dort, ein Brunnen tief und
hell:
Vielleicht, daß all' mein Herzeleid hinwegspült dieser
Quell!
Ein sanfter Wind in jenem Land weht allen Kummer
fort,
Den Gram bei Tag, den Gram bei Nacht – o, wären wir
schon dort!

Und du, mein Kind, geboren zwar, gleich mir, zu Frau-
enschmerz:
O lächle nur, o spiele nur, nicht welken soll dein Herz!
Du bist zu schön, du bist zu süß, in Liebe zu vergehn!
Ich rette dich, du junges Reh, aus aller Stürme Wehn!

Hin zu den Lauben, lichtumstrahlt, wo man kein Weinen hört:
Wo nie, wer hart und lieblos ist, im süßen Schlaf uns
stört.
Und wo die Seele neu erwacht zu frischem Jugendmut
–
Ein Augenblick, und wir sind dort! – roll' hin, du dunkle Flut!

Eine romantische Stunde

Von dichtem Laube war ich rings umgittert,
Und drunter tönt' es, wie der süße Schall
Von Kindesatmen; – oft auch kam's gezittert.
Gleichwie auf Wasser leisen Regens Fall.
Die Eichenschatten lagen auf dem Grünen,
So tief, so still, daß sie gemalt nur schienen,
Und eine Quelle mit melod'schem Laut

Rann, wie ein Traumlied, durch das Farrenkraut.
Ein grünlich Licht – es flammte, wie im Gras
Des Glühwurms Schein – brach aus den Buchenästen,
Und floß aufs Blatt, in dem ich sinnend las
Von Rittertum und königlichen Festen –
Ein Palästinisch Buch![3] – In Einsamkeit
Flog unterdes die Biene durch die Ranken,
Ein schläfrig Zorn, das summend uns Gedanken
Von Waldlust bringt und sommerlicher Zeit.
Dann, gleich dem Wurfspieß einer Blumenfee,
Schwang die Libelle flott sich in die Höh',
Und süßes Girren sagte, wo der Tauber
Tief in der Waldschlucht saß. –

Doch bald entschwand
Das Äußre mir, als schwelgend nun den Zauber
Der prächt'gen Sage meine Seel' empfand.
Was ich vernahm, nicht waren's Blätter nur:
Ein Syrerwind mit frischem Stoße fuhr
Durchs Löwenbanner! – nicht allein den Bach
Hört' ich im Grase: wild, mit grellem Schrei,
Erscholl ein Heerhorn in der Wüstenei –
Ein sarazenisch Horn! Lang hallten's nach
Die glüh'nden Höh'n. – Gleich schwarzen Wolkenzü-
gen
Sah durch den Sand ich schnelle Rosse fliegen;
Aufstiegen Zelte, Speer und Flamberg blitzte,
Wo diamanten eine Quelle spritzte,
Umrauscht von Palmen – dann aus voller Brust
Losbrach Altenglands ungebundne Lust,
Indes der Himmel, dunkelblau und gülden.
Sich Spiegel schuf aus den gewölbten Schilden.
Und Harfen hört' ich – in den Widerhall
Fürstlicher Freude floß der Saiten Schall.

Der Glanz erlosch! – aus seinen prächt'gen Kreisen
Was rief zurück mich zu des Alltags Gleisen?

---

[3] Walter Scotts »Talisman«.

– Ruf meines Kindes! – und verschwunden war
Horn, Harfe, Banner, Sarazenenschar.
Und daß sie floh'n – kaum könnt' es trüb mich machen,
So sprang mein Herz bei jenem süßen Lachen.

Die Zugvögel

Vögel, o Vögel, von wannen so leicht
Kommt ihr geschwirrt, wenn der Winter entweicht?
– »Wir kommen vom Land, wo der Nilstrom zieht,
Von der Flur, wo die Rose von Saron blüht.
Von den Palmen an indischer Ströme Saum,
Von Arabias Weihrauch und Myrrhenbaum.

»Wir flogen durch Städte, berühmt im Lied –
Sie liegen verwaist, wo die Wüste glüht.
Und wir flogen hin über brausende Flut,
Dunkel vordem von Gefallener Blut;
Und wir wurden matt, und wir fanden Rast
An des Landmanns Gesims und am Steinpalast.«

O sagt an, was ihr fandet im Fürstendom,
Seit Zuletzt ihr geschwirrt über Meer und Strom?
– »Alles war anders, o trüber Flug!
In der Halle des Festes ein Leichentuch!
Rot, wie von Herzblut, war Estrich und Flur;
Nichts mehr, wie sonst – unser Nestlein nur!«

Vögel, o Vögel, so war es allzeit;
Durch die Hallen der Könige schreitet das Leid!
Doch im Tale das Dörfchen, wie liegt es versteckt,
Und die Berge stehn Wacht, daß kein Sturm es schreckt.
Sagt, was ihr fandet in Hof und Gemach,
Seit zuletzt ihr umflattert des Landmanns Dach?

»Alles war anders – und anders sehr!
Gruß und Gesichter – und was noch mehr!
Auf das Haupt der Alten warf man die Scholl',

Und der Jungen Antlitz war sorgenvoll;
Von den Kindern, den spielenden, keine Spur –
Nichts mehr, wie sonst – unser Nestlein nur!«

O, die rastlos wandernd die Schwingen ihr stählt,
Vögel, o Vögel, was habt ihr erzählt!
Doch, führt *euch* durch der Lüfte pfadlos Revier
Eine Hand und ein Führer – was zittern *wir*?
Grünt für *euch* stets ein Zweiglein, auf das ihr euch
setzt:
Wir auch wohl finden die Heimat zuletzt!

Der Sonnenstrahl

Du bist kein Zaudrer im Fürstenschloß,
Eine Freude bist du, ein froher Genoß!
Bist ein Hoffnungsbringer für Berg und für Tal –
Ist ein Segen, wie deiner, o Sonnenstrahl?

Du beschreitest die Flut, und der Ozean lacht,
Seine tausend Inseln umsprühst du mit Pracht;
Du flammst auf die Schiffe, du flammst auf den
Schaum.
Den Matrosen erquickst du, wie Heimatstraum.

Durch die Tiefen der Waldnacht zittert dein Glühn,
Golden durchbrichst du ihr schattig Grün,
Und wie Feuerfliegen, flatternd und grell,
Spiegeln die Blätter sich unten im Quell.

Auf die Berge schaut' ich – ein Nebeltuch
Umwallte finster den Höhenzug;
Du zerteiltest es licht, und den Berg umfing
Ein Gewand von Feuer, ein Flammenring.

Ich erblickte des Landmanns bescheiden Haus –
Fast wie traurig schaut' es ins Land hinaus;

Bis ein Schimmer von dir ihm ins Fenster sah –
O, wie stand es fröhlich, wie lacht' es da!

Du besuchst die fernste, die wildeste Statt,
Glühst die Wildnis an, wie der Rose Blatt;
Auf ergrauende Trümmer ein freundlich Licht
Und ein Lächeln zu werfen verschmähst du nicht.

Durch die Dämm'rung des Münsters kommst du ge-
flammt;
Da, wie Feuer, lodert des Betstuhls Samt;
Um der alten Trophäen marmorne Reih'n
Zuckt, wie brennendes Gold, einer Glorie Schein.

Und du fliehst nicht, wo niedrig ein Grab auch steht,
Drauf im seufzenden Wind eine Blume weht;
Du erhellst seine Gräser mit Licht und mit Lust,
Und in Liebe schläfst du auf seiner Brust.

Hoffnung des Meers und der Wildnis Glück,
Sonne des Sommers – was gleicht deinem Blick?
Eines! – der Glaube, der, was er berührt.
Mit den leuchtenden Farben des Himmels ziert.

Nachtlied zur See

Dunkel braust das Meer,
Bangen Hauchs die Winde flüstern,
Meeresvögel, träg und schwer,
Flüchten ängstlich sich im Düstern.
O, bei Sturmeswehen,
Der du aus den Höhen
Hörst, was deine Kinder flehen –
Hör', o Vater, hör'!

Finster ist die Nacht,
Mond und Sterne sind verschwunden;
Wen der *Glaube* sehend macht,

Hat das rechte Licht gefunden.
Du, der du inmitten
Zorn'ger Flut geschritten.
Noch einmal, hör' unser Bitten –
Dein, Herr, ist die Macht!

Lied der Auswanderer

Da erscholl ein Lied auf der tönenden See,
Ein gemischtes Atmen von Lust und Weh';
Stimme des Mannes, kräftig und rauh.
Füllte mit Jubel das sonnige Blau;
Von den Wäldern, die nie noch ein Fuß durchzog.
Jauchzte sie, während die Barke flog,

Doch zu ihrem scholl ein Lied,
Von Ergebung voll und Gram,
Und sein Klageton verriet.
Daß von Weibes Mund es kam.

»Hinaus, hinaus, und über das Meer!«
– So auf dem Deck sang der Männer Heer.
»O, ein hellerer Himmel wölbt sich uns fern.
Unsern Weg dort zeigt uns ein lichterer Stern!
Dort sind Ebnen – keinem noch gaben sie Rast!
Für den ersten sind sie, den tapfersten Gast!«

»Doch, o Gott, wir wandern trüb,«
– Sang der Abschiedschor sodann –
»Aus den Häusern, traut und lieb,
In des Bachs, der Bergschlucht Bann!«

»Neue ja bau'n wir, wo Blatt und Zweig
Um die Stirn uns blitzen, Juwelen gleich;
Ziehn die Ranken der Rebe bis hoch ans Dach,
Daß ihr Laub uns am Abend beschatten mag,
Wenn hinaus wir schau'n nach den läutenden Küh'n
Und der stillen Savanna wogendem Grün.«

»Ach, wir ziehn und tragen Leid
Um die Linde, frisch und kühl.
Die mit Blüten überschneit
Unsrer Kinder erstes Spiel!«

»Unser der Wald und des Waldes Getier!
Freier durchbricht ihn der Hirsch nicht, als wir!
Keiner, der spräche: »Nicht weiter! halt!«
Unser die Steppe, so weit sie wallt!
Unser das Elen, stattlich und schnell,
Unser sein Mark, und unser sein Fell!«

Doch, ach, das Kirchlein grau,
Und der Sabbatglocke Schall,
Und das Gärtchen und die Au' –
Uns entschwunden sind sie all!«

»Ströme des Westens, glänzend und rein,
Unsre dreisten Namen woll'n wir euch leih'n!
Wollen sä'n im Gefild unsres Fleißes Saat,
Wollen lassen im Forst unsrer Wagnis Pfad,
Und am frischen See unser frisches Tun,
Wo die Indierfürsten, die alten, ruh'n!«

»Doch die Blumen, süß und bunt,
Unsrer Kinder Lust – wer lehrt
Sie umduften fremden Grund?
– O, lebt wohl, Heimat und Herd!«

Kirchenmusik

– Rings die Schar
Sang Hallelujah, gleich dem Ton der Meere.
        Milton

Noch einmal – o, noch einmal dieses Schallen!
Durchs Dach zum Himmel schwing' es sich empor!

Die alten Gräber lass' es widerhallen,
Und weh'n die Banner lass' es überm Chor!

Noch einmal sing' es! – meiner Seele Flügel
Enthebt es jubelnd der Vergangenheit,
Dorthin empor, wo ihres Friedens Spiegel
Kein irdisch Trachten störend mehr entweiht!

Vom Himmel kommt's! – Und doch im Auge schwellen
Fühl' ich die Träne, die das Herz vergießt,
Indes entzückt in jenes Wohllauts Wellen
Mein sel'ger Geist, mein trunk'ner Geist zerfließt.

Warum durch Zeichen so, die Schmerz verkünden.
Begibt die Lust sich ihres hellsten Scheins?
– O, ist es nicht, daß wir gebeugt empfinden
Im höchsten Stolz die Grenzen unsres Seins?

Englands Tote

Sohn der Insel fern im Meer!
Von den mächt'gen Toten sprich!
Welch ein Denkmal überragt sie hehr?
Führ' an ihre Gräber mich! –

Auf, o Fremdling! frisch entrollt
Deine Segel! miß die Flut!
Keine Welle schäumt, kein Sturmwind grollt,
Wo kein Held aus England ruht!

Auf Ägyptens heißer Flur,
Wo zur Sonne Memnon spricht,
Grimmig lodernd herrscht der Mittag nur.
Und die Palme schattet nicht.

Was – und ob auf glüh'nder Bahn
Alles rings die Sonne dorrt,

Nicht mehr weckt sie, die ihr Werk getan –
Englands Tote schlummern dort!

Der Orkan mit seiner Macht
Fährt durch Indien wild und frei,
Und am Ganges durch die Mitternacht
Rollt des Tigers dumpf Geschrei.

Was – und roll' es noch so graus!
Nicht erreicht es mehr den Port,
Wo sie ruh'n von ihrer Arbeit aus –
Englands Tote schlummern dort!

O, wie springt der Felsbach kühn
Von Gebirgen schroff und steil,
Fern im Westen, wo des Urwalds Grün
Frei durchschwirrt des Jägers Pfeil!

Was – und rauscht die Flut auch wild,
Schwirrt der Pfeil auch fort und fort:
Nicht erweckt's die Schläfer im Gefild –
Englands Tote schlummern dort!

Durch die schnee'gen Pyrenä'n
Zieht der Sturmwind mit Gebraus;
Wie die Weste Rosenblätter jä'n.
Trotzig sä't er Tannen aus!

Was – und ob mit zorn'gem Schall
Er zerbricht des Waldes Hort!
Mut geflossen ist auf Ronceval –
Englands Tote schlummern dort!

Wo des Eismeers Woge stürmt:
Schrecklich tönt des Führers Pfiff
In der Stunde, wenn das Eis sich türmt
Um ein edel Britenschiff!

Mög' es treiben ohne Rast;
Bläulich dehn' es sich im Nord!
Ihre Fahrt ist aus mit Flagg' und Mast –
Englands Tote schlummern dort!

Die da kühn gezuckt den Stahl,
Fern und nah für englisch Land –
Sind die Felsen nicht ihr Totenmal,
Ist ihr Grab nicht Meer und Strand?

Drum, o Fremdling, frisch entrollt
Deine Segel! miß die Flut!
Keine Welle schäumt, kein Sturmwind grollt,
Wo kein Held aus England ruht!

Troubadour-Lied

Der Krieger zog aufs Meer hinaus.
Zu Gefecht und Bannerweh'n –
Das Mädchen blieb im sonnigen Haus,
In der Heimat, still und schön.

Seine Stimm' erscholl bei Schwert und Spieß,
In des Handgemenges Staub;
Ihr Wandeln war durch Blumen süß,
Und ihr Sitz im Rebenlaub.

Seine Lanze barst und sein Visier,
Um sein Haar floß Blut und Schaum; –
Die Brust indes zu fächeln ihr,
Weht ein Sommerlüftchen kaum.

Doch kehrt' er wieder auf der Flut;
Schwert und Pfeil – was focht ihn an?
Sie aber starb, wie die Rose tut,
Die ein Hauch schon töten kann.

Wie die Rose stirbt, wenn der Sturm sie faßt,
Der da heult so dumpf und hohl –
In ihr sonnig Haus trat der Tod als Gast – –
O, wie fand er dort sie wohl?

Die gebrochene Kette

Ich bin frei! gesprengt ist die Kette, das Tor!
Mit dem jungen Adler steig' ich empor!
Meine Barke durchschneidet die Wellen kühn;
Wo der Wind streift, da streif' ich – frei darf ich ziehn!

Den Berg herab lustig der Waldstrom braust,
Durch die Luft nach Gefallen der Vogel saust,
Der Pfeil fliegt schnell durch den pfeifenden Wind –
Und ist nicht mein Geist, so wie diese sind?

O, der Erde Grün und der Blumen Schmelz,
Und die Stimmen, schmetternd durchs Laubgehölz,
Und der klaren Brunnen lachender Schein,
Durch die Tale leuchtend – o, alles mein!

Durch die Wüste jag' ich mein schäumend Tier,
Nehm' die Winde des Morgens zu Sporen mir!
Nur hinein in den Sturm, in der Blitze Gesprüh,
Ich bin frei, ich bin frei – ich bin freier, als sie!

Gefangner! und bist du Gefangner nicht mehr?
Bist frei in der Wildnis und frei auf dem Meer?
Ja, du bist's! aber dort nur! dort schwingst du dich
kühn;
Doch, du Trotziger, kannst du den Menschen entfliehn?

Wenn's Vöglein betrübt ist, so schweigt sein Gesang,
Bis sein Trauern vorbei und sein Herz nicht mehr bang.
Doch du, wenn vor Weh dir das deine bricht,
Bist zu stolz – deine Tränen zeigen es nicht!

Wenn im Geiste dir der Gedanken brennt.
Ist die Lippe so kühn, daß sie feurig ihn nennt?
Bei des Festes Gewühl, bei des Mahles Lust,
Darf dein Antlitz verraten die Qualen der Brust?

Nein, tief mit dem Pfeil im Busen, o Gott,
Mußt die Wunde du bergen – du fürchtest den Spott!
Mußt den Mantel falten, ängstlich und scheu,
Und mußt lachend sagen: seht her, ich bin frei!

Mit dem Tode nur deine Kette reißt,
Durch *aller* Gewalt über *eines* Geist!
Auf Herz und auf Lippe, da liegt sie wie Blei –
Träumer, o Träumer! wer ist denn frei?

Des Kindes erster Kummer

»O, ruft den Bruder, ruft mir ihn!
Nicht gern spiel' ich allein!
Der Sommer kommt mit Blum' und Bien'!
Wo mag mein Bruder sein?

»Der Schmetterling, o, wie voll Pracht
Glüht er im Sonnenschein!
Was kümmert jetzt mich seine Jagd!
Ruft mir mein Brüderlein!

»Die Blumen ranken wild umher,
Die er gepflanzt mit mir
Der Weinstock sinkt, von Trauben schwer –
O, war' mein Bruder hier!«

»Geliebtes Kind, er hört dich nicht,
Kann dich nicht mehr verstehn!
Du wirst sein Frühlingsangesicht
Nicht mehr auf Erden sehn!

»Ein Rosenleben hier war sein,
Kurz, frisch und taubenetzt;
Geh', liebes Kind, und spiel' allein!
Im Himmel weilt er jetzt!« –

»O, daß er seine Vögel ließ!
O, daß er mich nicht hört!
Ist's wahr, daß aus dem Paradies
Er niemals wiederkehrt?

»Kommt er nicht mehr zu Wald und Bach?
Wie bin ich doch betrübt!
Mein Brüderchen, wie wollt' ich, ach,
Daß ich dich mehr geliebt!«

Weit entfernt

Weit entfernt! – O, meine Seel' ist fern,
Wo ins Meer die schroffen Felsen springen;
In den Blumen, o wir gern, wie gern
Hör' ich wieder meiner Schwester Singen –
Weit entfernt!

Weit entfernt! – Mein Träumen, es ist fern.
Wenn die Sterne nachts am Himmel scheinen!
Meine Mutter ruft: o, kehre gern,
O, komm wieder, Kind, komm zu den Deinen –
Weit entfernt!

Weit entfernt! – Mein Hoffen, es ist fern.
Wo sich Lust und Liebe neu verbinden!
O du Taube, zieh'nd von Stern zu Stern,
Leih' mir Flügel, jenen Strand zu finden –

Grablied zur See

Schlaf'! – Wir geben dich der Flut,
Rot von der Gefallnen Blut;

Ehre dem, der also ruht, –
O, leb' wohl!

Schlaf'! – Du nahmst dein wogig Feld!
Meer und Himmel sind dein Zelt!
Deine Leichensalve fällt
Dumpf und hohl!

Einsam in des Meeres Schoß
Unbeweint und grabsteinlos,
Ruhst du, den sein Todeslos
Jählings traf!

Doch dein Mal, mit blut'gem Schein
Flatternd durch der Seeschlacht Dräu'n,
Soll die Rotkreuzflagge sein –
Schlaf', o schlaf'!

O ihr Stimmen

O ihr Stimmen, meinen Herd umsingend,
Süß wie Maiwind atmet ihr mich an;
Kehrt' ich heim, ein müdes Herz euch bringend,
Grüßtet ihr wie sonst den Wandersmann,
Einmal noch?

Nimmer, nimmer! Seit ich euch gemieden.
Floh der Frühling – lang schon ist die Zeit!
Auf das Grab der Guten, die geschieden,
Hat der Sommer Rosen wohl gestreut
Öfters schon!

Und wenn leis ihr auch mein Herz umflüstert,
Süße Stimmen – kaum noch regt es sich!
Meine Seele hat die Zeit verdüstert,
Frühlingstöne grüßen nimmer mich –

Was da frei, das ist mein Traum

Was da frei, das ist mein Traum!
Eine Barke, flutgewiegt.
Die sich Bahn macht durch den Schaum,
Wie ein Pfeil zum Ziele fliegt!
Dann ein Hirsch im grünen Wald;
O, wie wirft er sein Geweih!
Tausend Bäche, klar und kalt –
Alles, alles was da frei!

Dann ein Aar, der trotzig kreist
Um der schroffsten Berge Zug;
Ich erblickt' ihn jüngst im Geist,
Hörte rauschen seinen Flug.
Einen Strom schritt ich hinan,
Dicht umweht von Busch und Baum,
Ohne Segel, ohne Kahn –
Was da frei, das ist mein Traum!

Ein beglücktes Kind im Hain,
Das mit Blumen spielt und Reh'n;
Indier, die bei Sternenschein
Durch des Urwalds Dickicht gehn;
Jauchzend Volk auf Siegesstätten,
Bogenschütz am grünen Baum: –
O, mein Herz liegt wund in Ketten,
Und was frei, das ist mein Traum!

Fern überm Meer

Wo, wenn der sonnige
Rebenberg leer,
Wo zieht der Winzer Schar
Jubelnd einher?
Wo liegt das schöne Land,
Drin meine Wiege stand?
– Fern überm Meer!

Wo weht der Abendwind
Myrtenduftschwer,
Säuselt der Taube zu:
»Nacht wird's, komm her!«
Wo meiner Heimatflut
Glüht der Orange Glut?
– Fern überm Meer!

Wo wacht ein Aug' für mich,
Wacht, ob ich kehr'!
Wo zu der Eiche Weh'n
Murmelt das Wehr?
Wo noch von heil'ger Zeit
Redet das Nachtgeläut?
– Fern überm Meer!

Zieh', o du Winzerschar,
Jubelnd einher!
Weh', meines Vaters Baum,
Lustig ums Wehr!
Heimat, o lächle lind,
Siecht auch und stirbt dein Kind
– Fern überm Meer!

Der Engel Ruf

Flüstern, horch, und Engelwort:
Schwestergeist, zieh' mit uns fort!

Komm in des Friedens Land!
Komm, wo des Sturmes rauhe Stimme schweigt,
Komm, wo der Schatten von der Seele weicht,
Komm, wo das Leid gebannt!

Da drückt dich keine Furcht!
O, komm hinüber! Liebe nur und Ruh'
Weht dir der Taube weißer Fittig zu,
Die still die Luft durchfurcht!

Komm zu der Sel'gen Schar!
Bei den Gerechten, die des Lammes Stadt
Aus allen Landen sich berufen hat,
Ausruhst du immerdar!

O, lang warst du allein!
Zu deiner Mutter komm! – am Sabbatstrand
Siehst du nicht winken der Geliebten Hand?
O komm! kehr' bei ihr ein!

In Schweigen ließ man dich!
Zu deinen Schwestern komm! – Du hörst sie schon:
Ihr jubelnd Lied, ein einz'ger süßer Ton,
Begrüßt dich freudiglich!

Auch deine Sonne scheint!
Sturm bog dein Haupt, als wär's ein Weidenast:
Zu deinem Vater komm! – du hast nun Rast!
Du hast nun ausgeweint!

Jetzt wirst du selig sein!
Kein Wechsel waltet, wo du weilst hinfort!
Und, ha! den Tod bezwang die Liebe dort!
Zu deinem Gott geh' ein!

Verwandte Herzen

O, forsch' und frag' auf Erden nicht
Zu warm nach Mitgefühle! –
Draus sprudelnd eine Quelle bricht,
Der Herzen gibt's nicht viele!
Und die es gibt: vereinigt sah
Sie nie noch eine Stelle;
Es wäre sonst das Leben ja
Zu schön für seine Schnelle!
Das Auge deines Bruders sieht
Vielleicht nicht, wie das deine.
Zum Himmel, wenn er brennend glüht

Im blut'gen Abendscheine:
Bei Veilchenduft und Lenzeswehn
Und bei der Amsel Locken –
Dein Auge wird dir übergehn.
Sein Auge bleibt ihm trocken!

Ein Lied von Zeiten, die geflohn,
('S ist süß, ihm trüb zu lauschen!)
Entfernter Abendglocken Ton,
Bei Nacht der Wellen Rauschen:
Der Winde stürmischer Akkord,
Ausschütternd unverdrossen: –
Dir ist das alles Bild und Wort,
Ihm bleibt sein Sinn verschlossen!

Doch darum nicht weis' ihn zurück.
Der Jahre lang dich liebte,
Der ansah deiner Kindheit Glück,
Und den dein Schmerz betrübte!
Und wenn er weinend mit dir stand
An einem Totenschreine;
Dich pflegte, warst du siech: –: verwandt
Ist deiner Brust die seine!

Doch jene Kreise, licht und rein,
Drin sel'ge Geister schweben,
Wie Blumen wohl in einem Hain
In einem Lüftchen beben;
Doch jener gleiche süße Ton,
Verwandten Fühlens Zeuge:
O, träume länger nicht davon –
Gen Himmel sieh' und schweige!

An den Efeu

(Als der Dichterin einige Efeublätter von der Ruine Rheinfels bei St.
Goar zugeschickt wurden.)

Warum man *deinen* Stamm nur brach,
Daß er des Weingotts Haupt umfloß?
Was gab man dich nur beim Gelag
Der Rebe zum Genoß?
Efeu, *dein* ernst Geranke wallt.
Wo keiner zecht, wo keiner minnt;
Wo Lied und Becher einst geschallt.
Doch jetzt verklungen sind!

In gefall'ner Götter Hain
Ist die Stätte dein!

Der Römer auf dem Schlachtgefild,
Der Römer einst, der Herr der Welt,
Hat zu Gesang mit dir verhüllt
Des Siegers blutig Zelt.
Wohl war es schön, wenn solche Pracht
Dein triumphierend Grün umgab.
Doch lieber, traun! ist dir die Nacht
Um eines Siegers Grab!

Totenurne, Leichenstein –
Ihre Statt ist dein!

Der königlichen Toten Mal,
Drauf einsam Welschlands Sonne ruht,
Den Säulenschutt, den Fürstensaal –
Efeu, du kennst sie gut!
Und über Bergen, grün von Wein,
Wehst du herab vom Felsensprung,
Wo morsche Türme stehn am Rhein,
– Am Rhein, der ewig jung!

Turm und Trümmerburg am Rhein,
Efeu, alles dein!

Von seinen Horsten trüb durchs Land
Schaut das gebrochne Rittertum;
Der Degen fiel ihm aus der Hand –
Verschollen Harf' und Ruhm!
Du aber bleibst! – du, der da schwimmt
Wild in der sturmbewegten Luft!
Du, der die höchste Höh' erklimmt,
Und krönt die tiefste Gruft!

Efeu, Efeu, alles dein,
Palast, Herd und Schrein!

Der Wandrer schreitet früh und spat,
Er eilt durch Men Himmelsstrich,
Er geht der Zeiten stummen Pfad –
Schutt findet er und dich!
Und macht ihn auch dein Laub nicht irr,
Baut er auch rüstig immerzu:
Die Zeit, du »Efeu nimmer dürr«.[4] Vergeht – und Herr
wirst du!

Alle sind und werden dein:
Tempel, Säule, Schrein!

Man mißt euch nicht, ihr schönen Blumen

Man mißt euch nicht, ihr schönen Blumen, sprießend,
Wo Quell und Grotte ruhn im Dämmerlicht;
Dort fällt der Tau, ein Märchenland begießend;
Die Blätter tanzen – man vermißt euch nicht!

---

[4] »Ihr Myrten braun und Efeu nimmer dürr.« Milton, Lycidas.

Noch spielt dein Schimmer auf des Waldsees Stelle,
O Lilie! die dein Perlenkelch geziert;
Ihr schönstes Kind betrauert nicht die Welle,
Die Winde flüstern kalt und ungerührt.

Und Hyazinthe! fern jetzt ziehn die Bienen,
Die deiner Glocken Zittern oft geküßt;
Ihr Blumen all', ihr duftetet im Grünen
Zu aller Lust – und dennoch unvermißt!

Ihr, die ihr wuchset, Duft zu leih'n den Winden,
Und Fröhlichkeit der Sonne goldnem Licht:
Vermißt man so – weh' mir, müßt' ich's verkünden! –
Die *Menschen*blumen auch der Erde nicht?

Seit ich dich zuletzt gesehn

Seit ich dich zuletzt gesehn,
Schwester, was ist dir geschehn?
Tief in deinem Auge liegt,
Schwermut, die mein Herz nicht trügt.
Wenn du sprichst – o, welch ein Ton!
Deine Kindheit ist entflohn.
Sturm hat deine Brust getrübt;
Schwester, ja, du hast geliebt.

Deiner Wangen Wechselglut
Kündet nicht ein Herz, das ruht
Wenn du gehst den Strom entlang,
Folgt ein Traum dir, schwer und bang.
In dein Tal und in dem Hain
Hörst du Lieder, die nicht dein
Warum weinst du, bleich, gebückt?
Ach, die Lieb' hat dich geknickt!

Sag' mir nicht, wie alles kam;
An mein Herz wirf deinen Gram.
Nichts von Träumen, die geflüchtet!

Nichts von Hoffen, das vernichtet!
Schweig', o schweig' von deinem Schmerz;
Lull' es ein, dein armes Herz!
Frieden such' im Vaterhaus!
Wein' an meiner Brust dich aus.

Mutter, o sing' mich zur Ruh'!

Mutter, o sing' mich zur Ruh'!
Wie noch in schöneren Stunden,
Sing' meinem Herzen, dem wunden,
Tröstende Lieder sing' du!

Drücke die Augen mir zu!
Blumen die Häupter jetzt neigen,
Trauernde rasten und schweigen –
Mutter, o sing' mich zur Ruh'!

Bette dein Vögelchen du!
Stürme, ach, haben's entfiedert;
Liebe, sie drückt unerwidert; –
Mutter, o sing' mich zur Ruh'!

O, laßt sie ziehn

Fern ist's, wo ihre Heimat lacht!
Und ihrer Augen Licht,
Am Himmel hat sie's angefacht.
Die Erde gab es nicht!
O, laßt sie ziehn!

Was sich auf Erden treibt und müht,
Sie sieht's, gleichwie ein Stern
Auf Angst und Wonne niederglüht,
So sanft und doch so fern!
O, laßt sie ziehn!

Mit allem, was sie hofft und liebt,
Wie sehnt empor sie sich!
Der Taube schaut sie nach betrübt:
»O, trügen Flügel mich!«
O, laßt sie ziehn!

Kein wandernd Lüftchen, leicht beschwingt,
Haucht sie melodisch an,
Was nicht wie eine Botschaft klingt,
Ihr, die nicht weilen kann!
O, laßt sie ziehn!

In Traumeswolken eingehüllt,
Nie läßt die Welt sie kalt!
Ihr Sehnen ist das Lichtgefild,
Wo ihr Geliebter wallt!
O, laßt sie ziehn!

Die gebrochene Blume

O, trag' sie an der Brust, mein Lieb,
Noch einen Augenblick!
Ihr Lächeln floh, ihr Reiz ist hin,
Ihr Duft doch blieb zurück.
Drum, einer Zeit zu lieb, die war,
Wirf sie nicht von dir, ach!
Sie blüht' in ihrer Schwestern Schar
Einen langen goldnen Tag,
Mein Lieb!
Einen langen goldnen Tag!

Noch eine kurze Zeit, mein Lieb,
Soll dich ihr Duft umwehn;
An deinem Herzen soll sie ruhn.
Verwelkt und doch noch schön!
Doch selbst dein Herz nicht, warm und weich,
Schützt sie vor Todeshand:
– Oh! ich bin deiner Blume gleich,

Zu spät, zu spät erkannt,
Mein Lieb!
O Gott, zu spät erkannt!

Der letzte Wunsch

Eil' in des Waldes Ruh',
Suche den Hügel du,
Wo, schwer von süßem Tau, die Veilchen liegen:
Schimmernd durchs Waldgesträuch,
Augen voll Schlafes gleich, –
O, laß sie bald an meine Brust sich schmiegen!

Brich sie mir, keins laß stehn;
Laß um mein Todbett wehn
Ein Wehn des Mais, ein Wehn aus Waldestalen;
Denn ach, mit Trauern nur
Scheid' ich von Wald und Flur,
Gern weilt' ich länger in der Sonne Strahlen!

Bliebe bei dir gern noch!
Weh', nicht vermag ich's! – Doch
Bring' an mein Lager froh'rer Stunden Zeugen!
Geh', wo ein dämmernd Licht
Grün durch die Blätter bricht,
Und auf der Quelle zittert unter Zweigen!

Kalt ist und klar, die Flut;
Ach, und ich weiß noch gut,
Wie feuchte Lilien nickend sie umspielen;
Geh' an des Stromes Bord;
Flüsterndem Schilfe dort
Nimm sie, mein Haupt, mein fiebernd Haupt zu küh-
len!

Dann, wie zu bess'rer Zeit,
Geh' durch die Einsamkeit
Des alten Gartens, grün von Laub und Moose:

Dort, ihrer Blätter Schnee
Streu'nd auf des Rasens Klee,
Steht einsam trauernd eine weiße Rose.

Tauben umgirren sie,
Bienen umschwirren sie.
Der alten Linde Wehn umrauscht sie trübe;
Brich mir zwei Blumen dort;
Zwei: – denn es ist der Ort,
Wo wir zuerst uns sagten unsre Liebe!

Geisblatt dann hole mir;
Hol's von der Gittertür;
Hol's von der Hütte, die ich jüngst dir zeigte,
Als wir am Waldesrand
Wandelten Hand in Hand,
Geführt von des Johanniswürmchens Leuchte!

Bring' mir, o bring' den Strauß!
Breit' ihn aufs Kissen aus –
Komm, daß ich zitternd jede Blume fasse!
Laß sie mir Traum verleih'n;
Träumend ist alles mein:
Lenz, Jugend, Leben – alles, was ich lasse!

Und wenn du fragst, warum
Ich dich im Tal herum
Und an des Stromes waldig Ufer schicke:
'S ist, daß in deinem Sinn,
Wenn ich geschieden bin,
Dir mein Gedächtnis jede Stätte schmücke!

In den Gebüschen dicht
(O, brich den Zauber nicht!)
Da will ich ewig, daß mein Bild dir glänze!
O mein Geliebter, nie,
Wo wir gewandelt, zieh',
Vergessend sie, die starb in ihrem Lenze!

Grabgesang

Wo soll ihr Hügel stehn?
Wo wilde Blumen wehn
Frei in der Luft!
Da, wo die Vögel ziehn
Durch junger Blätter Grün,
Sei ihre Gruft!

Oft von der Welt verletzt,
Reich' ihr, o Schlummer, jetzt
Balsam die Füll'!
Laß sie, o Erde, nun
Weich dir am Busen ruhn,
Tief, tief und still!

Murmelt, ihr Bäche kühl;
Winde, mit sanftem Spiel
Zieht drüber hin!
Über ein Bett von Moos,
Wo, in der Erde Schoß,
Stürme sie fliehn!

Netzt auch des Regens Guß,
Labt auch der Lüfte Kuß
Nimmer sie mehr:
Immer doch, wo wir stehn,
Müss' ihr ein Atmen wehn,
Heilig·und hehr!

Drum, in Gesang und Duft,
Laßt ihr auf dunkler Gruft
Leben erblühn!
Drum, o ihr Veilchen blau,
Sprießt, wo im feuchten Tau
Betend wir knien!

O drum, wo Blumen wehn,
Laßt ihren Hügel stehn
Frei in der Luft!
Da, wo die Vögel ziehn
Durch junger Blätter Grün,
Sei ihre Gruft!

Lied

Was weckte den Ton, der lang geruht
In Memnons Harfe vor Zeiten?
Wer, an des Niles grüner Flut,
Wer griff so kühn in die Saiten?
– O, nicht der Sturm und nicht die Nacht
Und nicht des Blitzes Feuer –
Das Sonnenlicht mit warmer Pracht,
Das weckte die mystische Leier!
Das einzig weckte die Leier!

Was weckt des Herzens tiefen Klang
Zu reinen, innigen Chören,
daß er, wie himmlischer Gesang,
Die Stürme mag beschwören?
– O, nicht Kampfgewühl und nicht Schwertesstreich,
Kein sieghaft Bannerschwingen –
Nur die Liebe, stark und gabenreich,
Erweckt der Seele Klingen!
Sie nur der Seele Klingen!

Die Träumende

Deinen Träumen Friede! – du schlummerst nun!
Auf der Stirn dir seh' ich das Mondlicht ruh'n!
All' die Liebe, die flutend dein Herz bewegt,
Hat im Schrein deiner Seele sich schlafen gelegt,
Wie der Blume Duft in des Kelches Verschluß,
Wenn die Sonne der Flur gab den Abschiedskuß.

Friede! – das Trübe, was durch den Tag
Wie ein schwer Gewicht auf der Brust dir lag;
Ihr Gedächtnis, die Wechsel und Tod dir geraubt,
(Es ergriff dich, wie Sturmwind der Weide Haupt!)
Und dein Sehnen nach Stimmen, die längst zur Ruh' –
Alles vergessen! – Schlaf' zu, schlaf' zu!

Ist es vergessen? – Ich fürchte: Nein!
Schlaf kann von Kummer das Herz nicht befrei'n!
Jetzt noch – wie seltsam bewegt dein Gesicht!
Über wellig Gras so läuft Schatten und Licht!
Zuckst du? – Der Gram, wie die Liebe, hat
Stürme selbst für das geschlossene Blatt!

Deine Lippe bebt: – auch die Leier so
Bebt, eh' ihr Tönen ganz entfloh! –
Auf der zitternden Wimper gesenktem Strich
Sammelt schwer und groß ein Träne sich:
Aus den Wolken der Seele Gewitternaß –
Du bekümmert Kind, und ist Ruhe das?

'S ist der schaffende Geist – er läßt nicht nach!
'S ist die Liebe, bei welken Blumen wach!
O, was birgt nicht alles ein Menschenherz:
Unergründlich Erinnern, maßlosen Schmerz!
Und die Leidenschaft, die es jählings füllt
Mit empörten Wogen – doch nie sie stillt!

O, sieh' zu, daß der bitteren wild Gewühl
Nicht den Frieden fortbraust von deinem Pfühl!
O, sieh' bang hinein in die Seele dir –
Keine Rast, keine Flucht, kein Vergessen hier!
Wir gedenken, hüllt uns auch Schlummer ein, –
Wird es im Tode besser sein?

Die Heimat an den Verlorenen

O sag', wann willst du kehren
Ans Herz der alten Zeit?
Zum Dunkel unsrer Föhren,
Zum Rauschen unsrer Ähren,
Zu Früh- und Nachtgeläut?

Die Sommervögel rufen
Um Strohdach noch und Stall;
Noch springt die moos'gen Stufen
Hinab der Wasserfall

Und tausend Blumen locken
Zu Bach und Felsenstück;
Der Wind küßt ihre Glocken –
Doch wann kehrst du zurück?

O, lang hast du gemieden
Der Heimat stille Lust,
Und ihrer Wälder Frieden
Erstarb in deiner Brust.

Was dir dein Lenz gegeben,
Du achtest es gering;
Dir ist des Laubes Beben
Ein längst vergessen Ding!

Allein wann kehrst du? sage! –
Die Blume, welk gemacht
Vom sengenden Mittage,
Erfrischt der Tau der Nacht!

Den Himmel, so die Wogen
Abspiegeln glatt und klar,
Hat Sturm oft überflogen –
Doch nicht für immerdar!

O, bring' und gib dich wieder
Der Wälder lust'gem Grün!
Der Vögel freie Lieder
Laß Haupt und Brust durchziehn!

Allein, wann willst du kehren?
Manch rosig Angesicht
Hilft unsern Herd verklären –
Warum das deine nicht?

Noch steht ein Platz dir offen
An deines Vaters Tisch!
O, täusche nicht ein Hoffen!
O, kehre warm und frisch!

Noch hält, dich zu begrüßen.
Die Mutter dir bereit
Den ernsten, schmerzlichsüßen
Blick der Vergangenheit!

Noch, wenn Gebete schallen,
Ersehnt dich *jeder* Blick;
Verstohlne Tränen fallen –
O, wann kehrst du zurück?

Die Zauber der Heimat

Durch des Waldes Hauch, der dein Haupt gekühlt
Auf der Moosbank, wo du als Kind gespielt;
Durch der Linde Flüstern, die leise weht,
Wo dein Elternhaus unter Blumen steht;
Durch den Duft der Primel sogar im Gras;
Durch der Laube Dämmern: – durch alles das
Kehrt' ein Zauber in deinem Herzen ein,
Heilig und köstlich – o warte sein!

Durch die Quelle, die mit lullendem Ton
Oft dich gesungen in Träume schon;

Durch des Efeus Zittern, der windbewegt
Um die Rinne schwankt und ans Fenster schlägt;
Durch der Biene Lied und der Nachtigall,
Durch der Sonntagsglocken freudigen Schall,
Und durch jeden Laut, der dich sonst beschlich,
Fester und süßer umstrickt er dich!

Durch das Dämmerstündchen am Winterherd,
Wenn der Abend Plaudern und Lust beschert;
Durch das Märchen, vor dem der Sandmann flieht:
Durch das Abendgebet und das Abendlied;
Durch das Auge, das strahlt, und den Mund, der lacht;
Durch den Handdruck und durch das »Gute Nacht!«
Durch den Kuß beim Scheiden und beim Empfang
Hält dich der Zauber dein Leben lang.

Seg'n ihn, o seg'n ihn! zerstör' ihn nicht!
Er ist dir ein Schirm und ein leitend Licht!
Er führte des Freien mutigen Schritt
In die Schlachten hinaus, die sein Bergvolk stritt;
Ließ den kehrenden Wandrer die Flut bestehn,
Daß er sterbe, wo Lüfte der Heimat wehn;
Und zur Schwelle des Vaters – lang, ach, geflohn!
Bracht' er zurück den verlorenen Sohn!

Ja! wenn voll Trotzes dein Herz sich vermißt,
Wenn es fahrig schweift, wenn es kalt vergißt;
Wenn der schwüle, sengende Hauch der Welt
Auf das Blumenbeet deiner Kindheit fällt:
O, dann denk' an die Moosbank du wiederum,
An des Efeus Geräusch, an der Biene Gesumm;
Denk' an den Baum vor des Vaters Tür –
Neu so gewinnst du den Zauber dir!

Über tredition

Eigenes Buch veröffentlichen

tredition wurde 2006 in Hamburg gegründet und hat seither mehrere tausend Buchtitel veröffentlicht. Autoren veröffentlichen in wenigen leichten Schritten gedruckte Bücher, e-Books und audioBooks. tredition hat das Ziel, die beste und fairste Veröffentlichungsmöglichkeit für Autoren zu bieten.

tredition wurde mit der Erkenntnis gegründet, dass nur etwa jedes 200. bei Verlagen eingereichte Manuskript veröffentlicht wird. Dabei hat jedes Buch seinen Markt, also seine Leser. tredition sorgt dafür, dass für jedes Buch die Leserschaft auch erreicht wird.

Im einzigartigen Literatur-Netzwerk von tredition bieten zahlreiche Literatur-Partner (das sind Lektoren, Übersetzer, Hörbuchsprecher und Illustratoren) ihre Dienstleistung an, um Manuskripte zu verbessern oder die Vielfalt zu erhöhen. Autoren vereinbaren direkt mit den Literatur-Partnern die Konditionen ihrer Zusammenarbeit und partizipieren gemeinsam am Erfolg des Buches.

Das gesamte Verlagsprogramm von tredition ist bei allen stationären Buchhandlungen und Online-Buchhändlern wie z. B. Amazon erhältlich. e-Books stehen bei den führenden Online-Portalen (z. B. iBookstore von Apple oder Kindle von Amazon) zum Verkauf.

Einfach leicht ein Buch veröffentlichen: **www.tredition.de**

Eigene Buchreihe oder eigenen Verlag gründen

Seit 2009 bietet tredition sein Verlagskonzept auch als sogenanntes "White-Label" an. Das bedeutet, dass andere Unternehmen, Institutionen und Personen risikofrei und unkompliziert selbst zum Herausgeber von Büchern und Buchreihen unter eigener Marke werden können. tredition übernimmt dabei das komplette Herstellungs- und Distributionsrisiko.

Zahlreiche Zeitschriften-, Zeitungs- und Buchverlage, Universitäten, Forschungseinrichtungen u.v.m. nutzen diese Dienstleistung von tredition, um unter eigener Marke ohne Risiko Bücher zu verlegen.

Alle Informationen im Internet: **www.tredition.de/fuer-verlage**

tredition wurde mit mehreren Innovationspreisen ausgezeichnet, u. a. mit dem Webfuture Award und dem Innovationspreis der Buch Digitale.

tredition ist Mitglied im Börsenverein des Deutschen Buchhandels.

Dieses Werk elektronisch lesen

Dieses Werk ist Teil der Gutenberg-DE Edition DVD. Diese enthält das komplette Archiv des Projekt Gutenberg-DE. Die DVD ist im Internet erhältlich auf **http://gutenbergshop.abc.de**